RELATION
DU VOYAGE
DE MONSEIGNEUR
ANDRE' DE MELLO DE CASTRO
A LA COUR DE ROME, EN QVALITE' DE
ENVOYE' EXTRAORDINAIRE
DU ROI DE PORTUGAL
DOM JEAN V.
AVPRES DE SA SAINTETE'
CLEMENT XI.

RELAÇÃO DA VIAGEM
DO EX.ᵐᵒ S.ᵒʳ
ANDRE' DE MELLO DE CASTRO
A' CORTE DE ROMA POR
ENVIADO EXTRAORDINARIO
DEL REY DE PORTUGAL
DOM JOAN O QUINTO
A' SANTITADE DO
PAPA CLEMENTE XI.

A PARIS MDCCIX.

CHEZ ANISSON RUE S. JAQUES.

Pietro Zerman del.

Gio: Batta Sintes sculp.

A TRES ILLUSTRE
ET
TRES EXCELENT SEIGNEVR
DOM FRANÇOIS
DE PORTUGAL
COMTE DE VIMIOZO

Du Conseil de Sa Majesté Commendeur des ordres de Christe, & de S. Jaques &c.

MONSEIGNEVR

L'INCLINATION que jai remarquèe a V. Excellence de connoitre la Sage politique de cette cour, joint au profond respec, que beaucoup de Religion vous à toujours inspirè pour elle, me determine d'autant plus a vous offrir cette relation, que je ne croi pas aussi pouuoir la dedier a un Seigneur plus touchè de tout cequi contribue a honnorer la Nation Portuguaise. C'est Monseigneur dans cette derniere vue que ie me hasarde d'exposer à la Sensure de vostre extreme delicatesse les desseins de tout cequi a estè fait sur mes idèes, pour la superbe entrèe de S. Excellence Monseigneur ANDRE' DE MELLO DE CASTRO; mais si l'approbation dont on ma flatè ici, n'estoit que le pur effet d'une complaisance ordinaire à une nation si polie, je serois obligè, Monseigneur, d'avouer que j'en suis inescusa-

A 2

ble,

4

ble , car quelle plus belle eftude pour moi , que cette prodigieufe depence que
vous fites faire a S.ᵗ ingrace en Portugal , cette fefte fi Magnifique , que le Roi,
les princes , & toute la cour l'honorerent egalement de leur prefence , & de
leur admiration : en effet c'eft le feul lieu de l'Europe ou lon ait vu tout enfemble une proffufion fi bien entendue de parfums les plus precieux, des fonteines
deau de cordua , & une mufique fi bien daccord a une Sinfonie, une table fer-
vie de plus de deux cent plats relevès plufieurs fois , & ordonnès fi proppre-
ment , quils ne flatoint pas moins la vue que le gouft ; quoy de plus beau que
ces portiques chargès de figures dorèes , & que les advenues de ce temple divin, fi elegamment ornèes, quelles preparoint de loin les yeux a l'admiration ,
& quoy de plus genereux , que cet argent diftribuè au peuple & gettè a mains
liberales. Les feux dartifice , ou pour mieux dire , les feux de joie , par une al-
lufion enchantèe uniffoint , & confondoint fi agreablement la nuit , & le jour,
quil fembla que le foleil. pendant huit jours , navoit pas cefcè un inftant d'e-
clairer cette fuperbe fefte , ou pour toucher les fens d'une delicateffe rependue
fur tout cequi les pouuoit flater , V. E. avoit encheri fur la richeffe de toutes les
annèes precedentes , & epuifè l'imagination , pour l'avenir .

Jèn aurois eftè , Monfeigneur , auffi fatisfait que les autres , fi V. E. d'apres
qui jàvois travaillè fi heureufement , ne mavoit par un magnifique prefent,
chargè d'encore plus d'obligations que de foins .

Je pourois reflechir ici , Monfeigneur , fur cette grandeur qui accompagne tout cequue vous faites , mais je fcai que la modeftie , qui Vous eft egalement
naturelle , foufriroit avec peine , que je parlaffe deces levèes de Soldats aux frais
de Voftr Excellence pour le fervice de la patrie , de ces aumones confiderables
aux opitaux, ni de ces bienfaits dont vous honnorès ceux qui le font desja beaucoup deftre connus de V. E. par des talents utils. De fi rares & grandes qualitès,
quelque fois a la veritè plus enviées , qu' immittèes, redoubleroint ma peine de
vivre fi eloignè de ceque je ne pouvois me laffer d'admirer , & je craindrois le
rifque ordinaire des trop longues abfences , fi mes precedentes difgraces ne
mavoint donnè occafion dè prouver fans rifque les plus genereux effets d'une
conftante amitiè . Je veuftdire Monfeigneur , dans le temps que des ennemis
de ma nation , jalous du bonheur qui m'accompagnoit a eftre connu du Roy,
m'avoint voulu faire un crime du feul lieu de ma naiffance , mais la preuue de
mon innocence, qui ma continuèe les bontès de Sa Majeftè , & redoublè l'honneur de voftre protection , fait connoitre enfin queftre fidel , refpectueux , &
ami de la uraye gloire du Roy DOM JEAN CINQ.ᵉ n'eft point incompatible
avec l'honneur que jay d'eftre nè fujet d'un grand Roy , qui bien loin d'exiger
de fes fujets rien de contraire a l'honneur , pouroit par fon feul exemple enfei-
gner a l'univers à ne jamais manquer de foi a perfonne . Il laiffe mème a fes fujets la libertè de publier le merite etranger, fans en pouvoir eftre jaloux , & c'eft
cequi a donnè lieu à Monfieur Boyleau de chercher jufquèn Portugal Monfeigneur le Conte d'Ericeira Voftre ami , & l'un des plus fcavants de ce ciecle ,
pour luy dedier fes Satires , comm'a un des hommes qui en eft le plus exempt .

Il au-

Il auroit pourtant pu entrouver plus d'un , si tous les beaux exces dans lesquels donne V. E. estoint jugès par des esprits aussi justes que le sien , & comme je scay , Monseigneur , que cet auteur vous est dautant moins indifferent quil plait a tous les ennemis de la flaterie , je le veust imiter dans la sterilitè des louanges que jensevelis dans le silence d'une secrete adoration , pour finir une matiere si innepuisable par vous assurer Monseigneur , que lon ne peut estre avec plus de respec que je le suis .

De Vostre Eccellence

MONSEIGNEUR

Le tres humble , & tres obeissant Serviteur

De Bellebat .

AD

AD MAGNALIA LUSITANA
IN LÆTISSIMO INGRESSU
EXCELLENTISSIMI SACRÆ LUSITANÆ MAJESTATIS ORATORIS
ROMANORUM PLAUSUS.

MAGNANIME ò Princeps Lusitani Gloria Regis,
Inclyta Progenies nota Oriente Tenus;

Qui decus es Regni, qui Gemma animata Corona,
In quo spem totam Rex Lusitanus habet;

Inter Ulisbonæ Heroes Tu missus ad Urbem
De Rege, & Sponsa nuncia fausta ferens;

Ingredere ò Princeps Romanos excipe Plausus,
Instar tam Augustum cernere Roma cupit;

Romulides nunc aspiciunt Magnalia tanta
In Templo ANTONII, qui Lusitanus erat;

Quot quot suspiciunt cuncti hiscunt ore Quirites,
Majora haud quires, Rex quoque si ipse fores;

Sit sospes REX cum Sponsa, Te sospitet Axis,
Pontifici ut rursus nuncia fausta feras.

Obsequii, & Deditionis ergo
Gaspar Sfragaro.

AD

AD LECTOREM.

SCRIBITUR hìc iter Herois venientis ad Urbem,
    Quem tanti Latium, Romaque tota facit;

Regius ingressus conservat & usque tenorem,
    Quin magis increscens jure Triumphus erit;

Hinc meritò inscriptus Lusitani Regis Achati,
    Qui inter Primates alter Apollo micat;

FRANCISCO VIMIOSO Heroi jure Dicatus,
    Cui compar toto sub Jove rarus adest;

Qui Patriæ est Decus, & Regni fortissimus Umbo,
    Æquas qui Lances tam benè Juris amat;

Ingeniò excellens, Animo ast excelsior, omnes,
    Præstat Ulisbona Nobilitate Viros;

Circenses ludi cedant, & Apollinis omnes,
    Longè præclaros excit hic ære suo;

Hujusque Herois Magnalia in Urbe feruntur,
    Hiscit Roma stupens, præque stupore silet.

Obsequij & Deditionis ergo
Gaspar Sfragaro.

PRE-

PREFACE. | PREFACIO.

LEs Auteurs pour voluoir enrichir leurs defcriptions d'un ftile trop relevè, tombent ordinairement dans le deffaut dès peintres, qui pour vouloir donner a leurs portraits trop d'agremens, s'eloignent du Urai, & cachent fous un beau voile cequidonneroit le plus de reputation a leurs ovurages. pour moy foit raifon, ou fi lon veuft excufe, lon trovura bon que je me ferve dun difcours fimple, & naturel dans la relation dune chofe afsè ornèe delle mefme pour navoir befoin d'aucuns agremens empruntès. Je ferois dautant plus blamable decrire autrement, que jay eu le temps d'eviter cet equeuil, & ceux qui font encore dans le gouft des comparaifons aux aftres, auffienciennes que les aftres mefmes, ou de cefgrandes refflections fur des chofes qui nèn demandent aucunes connoitront bien que je ne fuis pas un auteur de profeffion, mais fimplement un gentilhomme qui fe contente de monftrer moins defprit, & plus de Zele ; auffi effe toute la juftice que je demande comme la feule quimeft due.

OS Autores por quererem em riquecer as fuas difcripçons de hum Eftyllo relevante, correm ordinariament amefma difgraça dos Pintores, os quaes por quererem dar aos Retratos hum exceffo debellefa, ofpin tam atal diftancia donatural, que efcondem debaixo do vello da lifonja, o que podia dar mayor reputacam a fuas obras. Em quanto amim, ou feia com refam, oupordefculpa ufareipefte difcurfo doftermos osmais naturaes, Efimples, nam nececitando de gracas empreftadas para a materia que defcrevo, Eaquelles que ainda goftam das comparaçoens aos Aftros nam menos antigas que Ofmefmos, ham de Conhecer, que aminha profiffam nam he deAutor, mas fomente deCavalheiro, que fe contenta moftrar com pouca finefa o mayor Zello. Efta he a Juftiça, que peço ecreyo, que feme deve.

VOIAGE | VIAGEM

DE MONSEIGNEUR

ANDRE'

DE MELLO DE CASTRO

ENVOYE EXTRAORDINAIRE DE POR-
TUGAL A LA COUR DE ROME.

DO EXCELL.ᵐᵒ SENHOR

ANDRE'

DE MELLO DE CASTRO

ENVIADO EXTRAORDINARIO DE
PORTUGAL A' CORTE DE ROMA.

I LE MINISTRE DUN ROY, dans une Cour etrangere eſt proprement limage de ſon Souverain, je ne metone pas de lextreme atten-tion des princes a choiſirpour unꝰ employ ſi noble des perſones dun ſi rare merite.

LE ROY DE PORTUGAL DOM PEDRO SECOND en nommant Monſeigneur ANDRE' DE MELLO DE CASTRO pour ſon Envoyè Extraordinaire a la primiere Cour du Monde, a voulu meſurer ſes bienfaits au ſeul merite de ſon Excellence, reſervant a des occaſions encore plus conſiderables, a ſe ſouvenir dans la perſonne du fils des ſervices importants que Monſeigneur le Conte Das Glaveas ſon pere a rendu de l'etat d'es le temps que le Royaume de Portugal, parun tiſſu d'actions memorables, ſoutenues de lꝰ valeur naturelle, travailloit, avec tant de ſuccès, a la conqueſte glorieuſe de la propre libertè.

LE ROY DOM JEAN CINQU.ᵉ aujorduy regnant egalement juſte, & animè du plus beau zele pour tout ce qui peut contribuer a honnorer, & ogmanter le culte divin, confirma avec
diſtin-

E O MINISTRO DE HUM REY emhumaꝰ Corte eſtrangeirahe propriamente a imagem do Suberano, nam me admiro da grande attençam dos Princeps em Eſcolherem para tam nobre occupaçam peſſoas de tamꝰ raro merecimento.

EL REY DE PORTUGAL DOM PEDRO SEGUNDO nomeando paraꝰ ſeu Enviado Extraordinario à primeira Corte do Mundo o Excellentiſſimo Senhor ANDRE DE MELLO DE CASTRO, quis igualar a ſua reſuluçamꝰ aomerecimento de Sua Excellencia, e reſervar para occaſioens ainda mais conſideraveis, Olembrarſe de ſua peſſoa pellos importantes ſerviſſos, que o Excellentiſſimo Senhor Conde Das Galveas Denis de Mello de Caſtro ſeu pay fes à Monarquia em opoſto de General das armas, quetam dignamente occupou deſdeotempo que o Reyno de Portugal trabalhaua, com tam felices ſucceſſos, à conquiſta glorioſa da propria liberdade por hum laberinto de accoens memoraveis, ſuſtentadas do natural valor.

EL REY DOM JOAM O QUINTO hoje reinante igualmente juſto, eanimado

B

diſtinction , apres la mort du ROY DOM PEDRO, le choix qui avoit eſtè precedemment fait dun envoyè extraordinaire a la Cour de Rome , de ſorte que ſon Excellence au lieu de trouver du changement par celuy q'une mort univerſelment regretèe venoit d'apporter au gouvernement , la Cour au contraire le ſollicita de preſſer ſon voyage , & le fit reſoudre de S'embarquer le 4. Octobre 1707. Sur le vaiſſeau Genois la grande princeſſe du Ciel .

Ce Vaiſſeau eſtoit de cinquante ſix pieſſes de canon , vingt mortiers de bronze , & deux cent hommes d'equipage , abondament pour uu de tout le neceſſaire, & apres que Son E.ᵉ eut pris congè de tous les amis particuliers qui le viſiterent abord , nous mimes a la voile avec un vent de Nort qui en trois jours nous fit paſſer le detroit de gibraltar , & juſques a la hauteur de malaga rien navoit troublè noſtre navigation , mais pendant la nuit nous decouvrimes un vaiſſeau , qui a la pointe du jour ſe trouva a demi portè de canon . Il eſtoit accompagnè de trois autres tous Algeriens . Monſeigneur lenvoyè apres nous avoir animès a une bonne deffence , fit virer de bord ſur eux , ſans attandre quils nous attaquaſſent , mais ces canailles intimidèes d'une maneuure ſi reſolue , & du grand volume de noſtre vaiſſeau , prirent la fuitte au primier coup de canon. apres leurs avoir donnè chaſſe quelque temps, nous reprimes noſtre premiere route , qui fut traverſèe de calmes , & de vents contraires qui nous firent donner fond a Adra ſur la Cote d' Eſpagne ou je me fis mettre a terre pour prendre quelques rafrichiſſements . Le governeur ſans ſinformer

mer

mado do mayor zello portudo aquello, que reſpeite a oculto divino, confirmou condiſtinçam a eleiçam precedentemente , feita , de ſorte , que o Senhor Enviado em lugar de achar alguma alteraçam, que huma morte univerſalmente ſentida pudeſſe trazer ao governo ; Acorte ao contrario ſolicitando o apreſſar ſua partida , o fes reſolver a embarcarſe aos 4. de Outubro de 1707. em a Nao Genoues a grande Princeſa do Ceo .

Conſtava o dito Vaxel de cinquenta e ſeis peças de artillaria, vinte pedreiros de bronſe , e duſentos homens de guarnicam ; Era provido abundantemente de todas as commodèdades poſſiveis por ordem do Senhor Enviado , e depois de ſe ter deſpedido de todos os ſeos amigos juſtamente magoados de exceſſiveis ſaudades , no ſeguinte dia nos fiſemos à vella con vento Norte , que em tres dias de viagem nos fes paſſar o Eſtreito de Gibraltar. The a altura de Malega nam tivemos couſa alguma que perturbaſſe a noſa navigaçam mas no diſcurſo da noite aviſtamos huma Nao aqual ao amanhecer ſe achou diſtante de nos meyo tiro de Canham , acompanhada de mais tres navios, que oſdois mais groſſos conſtavam de trinta peças, que reconhecemos por Algerinos. O Senhor Enviado depois de nos haver animado com ſeu exemplo a huma valeroſa defeſa, ordenou ſe voltaſſe o bordo ſobre hum delles , que mais perto nos eſtava , mas aquella Canalha temida da noſſa reſuluçam , e da grandeſa do noſo Navio, ſe pos em fugida, e depois de lhe ha vermos dado Caſſa , continua mos a noſſa Viagem com tam contrarios ventos, e grandes calmarias, que fomos obrigados a dar fundo a

Adra

mer qui jeſtois me croyoit Genois
a cauſe du vaiſſeau, & ſapplaudiſſoit
d'entendre ſi bien la langue Italienc
dont ala veritè je ne ſcavois pas un mot,
mais m'appercevant quil faiſoit cet
honneur a ma mavuaiſe prononciation
Portuguaiſe, je ne voulus point le d'e-
tromper, & me contentè de prendre
dans ſa petite place de tres beaux fruits,
& autres refraichiſſements. Nous ſi-
mes enſuitte voile, vers la barbarie, &
apres avoir paſſè liſle de Minorque,que
nous avions laiſſè a noſtre gauche,nous
entrions dansle golfe de Lyon quand
nous fumes pris dun vent contraire, &
tres violent qui nous forſat deretour-
ner en arriere pendant toute la nuit
ſans ſcavoir a la pointe du jour ou nous
eſtions. Je pourois icy faire le recit
d'une tempeſte affreuſe,ſans que la pinture en put eſtre altrèe par la craintc
du danger qui groſſit dordinaire lidèe
quòn en donne. Je ſerois dautant plus
croyable, que le chagrin de meſloigner
de Monſeigneur le Comte de Vimioſo mon cher patron, mavoit tirè tout
autre ſenſibilitè, & rendu comme indifferent le peril de la mer. Je le re-
guardois au contraire comme la finc
prochaine de mes diſgraces ſans beaucoup dè motion, quoyque je puiſſe dire que dans les voyages que jay faits ſur
l'Ocean, dans les plus gros temps, je
návois jamais couru tant de Danger.
Nous alions ſans aucune voile a la mer-
ci des vents, & des ondes qui ſouuant
couuroint noſtre viſſeau, quand enfin
nous dècouurimes liſle de Maiorquc,
mais de ſi proche que ſi le lieu ou nous
nous trouuames n'avoit pas eu un bonc
fond,nous donnions a la coſte q'un gros
brouillard joint aux vagues quèlevoit
le vent,nous empeſchoit de decouurir

Adra na coſta de Eſpanha ; Eu ſaltei
enterra atomar algum refreſco. O Governador, que ſem ſe informar de quc
nacam eufoſſe, lheparecco, que ſeria
Genoves porcauſa de Nao, aplaudia a
ſi meſmo obem que entendia à lingoa
Italiana da qual para dizer verdade,
eu nam ſabia huma ſo palaura, mas per-
ſuadindome, que faria eſta honrra à
minha mà pronuncia Portugueſa, aſſim
o deixei enganar, emecontentej de
haver podido tomar naquella ſua pi-
quena praça hum bom refreſco de frutas, eoutras proviſoens. Demos pois
à vella com ofavoravel de hum vento
freſco, que nos levava da parte de Barbaria, edepois de haver jà paſſado as
Ilhas de Maiorica, e Minorica, come-
camos aentrar no golfo de Liam,quan-
do nomeſmo tempo hum vento fero,
e cruel, que ſelvantou ao ſol poſto, nos
obrigou atornar atras por eſpacio detoda anoite, ſem que aoamanhecer ſou-
beſſemos aaltura aonde eſtavamos pella contrarietade dos noſſos Pillotos.
Bem puderia aqui faſer huma narra-
çam da mayor, emais horrenda tempeſtade ſem alterar apintura pello te-
mor ordinario doperigo, que coſtu-
ma aumentar a Idea, jà que apenc
deme haver poſto tam diſtante do ſer-
viço do Excelleutiſſimo Senhor Conde
de Vimioſo meu Senhor, me privava
de qual quer outro ſentimento, de tal
forte, que eu deixava aodeſtino oſimc
das minhas diſgraças,ſem algum ab aílo
bem que poſſo dizer que nas viagé que
fis no Occeano me nam encontrei emc
mayores perigos. Nòs andavamos no
diſcurſo detoda anoite à diſcriſſam dos
ventos contrarios lutando comaſondas,
que de continuo cobriam anoſſa em-
barcaçam the aviſtar emfim allha de

a plus de cent pas de distance ; tout le jourse passa a forcer le vent pour entrer dans le port de Pin , & unpeu avant la nuit nos matelots epuisès geterent enfin lancre au nord de lentrèe de ce port a vingt deux braces deau . Nous passames encore cette seconde nuit tres mal , & toujours dans la crainte que nos ancres ne pussent pas tenir bon contre la fureur des vents dont nous n'avions pu nous mettre a couuert .

Son Excellence auoit estè trois jours sans prendre aucune nouriture , & estoit endanger de succomber au mal de la mer, sil ne sestoit resolu de debarquer jusquaceque le temps deuint meilleur , j'alè pour cet effet luy chercher un logement a la Ville de Maiorque ou il vint ensuitte , mais quelque precaution quil prit pour y estre incognito, il ne luy fut pas possible d'echaper ala vigilence du Vice-Roy , homme de Beaucoup desprit. Son nom qui me parut une espece de Litanie estoit Dom Jean Antoine da Pax Orcam , olim , de Boxados de Pinos, de Caualla &c. Jalè le complimenter de la part de Son E.ᵉ & apres m' auoir receu auec toute l'honnetetè possible, il me pria d'engager Mouseignenr l'Enuoiè a venir loger a son palais, massurantque si la ceremonie lembarassoit, ils se traiteroint reciproquement comme amis, sans oublier ce pendant de son cotè cequil deuoit a l'Enuoiè dun Roy aliè de son maitre, & fils dun General, & Grand Du Royaume . Je cherchè toutes les excuses possibles pour degager Monseigneur l'Enuoiè a qui je fus porter

Maiorica , mas tam de vesinho, que se olugar aonde nos achamos nao tiuesse huma grande profundesa, dariamos a Costa, pois que huma grossa neuoa nos impedia descobrilla na distancia demenos de cem passos . Todo outro dia sepassou aforsar contra ouento para dar fundo no porto de Pin , e chegando anoite, os nossos marinheiros cansados do continuo trabalho,deitaram a ancora da parte do norte aentrada do ditto porto em vinte, eduas braças de agoa, aonde passamos tam mal anoite, que temiamos , que asnossas ancoras nam bastassem a sustentar oimpetu das ondas .

O Senhor Enuiado por ter passado muitos dias sem comer seuio el risco de sua vida, o que foj hum dos motiuos de nos deixar estar no dito Porto , the que milhorasse o tempo,pello que se resolveo dememandar a Citade de Maiorica a preparar lhe algum alojamento, mas nam obstante toda a cautela que procurou para nam ser conhecido,nam pode faser demenos que o Vice-Roy onam soubesse, o que obrigou ao Senhor Enuiado deputarme para o complimentar da sua parte . Onome dodito Vice-Roy , que naminha opiniam parecia huma ladainha, era Dom Joan Antonio de Pax, Orcam , olim , de Boxados , de Pinos de Caualla &c. Asua pessoa he de bellissima presença, eo seu modo omais Cortes , que encontrei ; o dito Senhor mepedio rogasse da sua parte ao S.ʳ Enuiado aquelle lhe fisesse ahonrra de querer vir alojarse em seu palaço, e que quando o ceremonial lhe seruisse de algum embaraço,se offerecia atratarlo reciprocamente como amigo , sem que faltasse ao que deuia a o filho de hum General das armas , e grande de Reino de Portugal . Apen-

ter la reponce , mais a peine jarivè a
lauberge, que le Vice-Roy se fit anon-
cer , & entra si subitement que Monseigneur l'Envoiè fut obligè de le recevoir en desabillè . **Le lendemain**
Son E.e luy rendit sa visite & ne put
reffuser de diner avec luy, a pres quoy
nous alames dans ses Carrosses voir
les dehors de la Ville dont les fortifi-
cations sont afsè belles , mais la cituation peu advantageuse .

Nous vimes le jour suivant le tom-
beau du femeux Raymond Lule qui
est engrande veneration , & j'eu du
plaisir d'apprendre les particularités
de sa conversion .

Raimond Lule d'une famille noble
de Maiorica estant devenu èperdu-
ment amoureux d'une des plus belles
persones du lieu, la suivoit partout
ou il la rencontroit . Et un jour quil
estoit acheval , la voyant entrer dans
une eglise , il soublia sifort , qu'il y
entra apres elle tout montè quil estoit.
Son amour devenu publique par une
telle indiseretion , la belle qui jusques alors lavoit evitè autant quelle
avoit pu , resolut enfin de se-delivrer
d'une persecution qui lex posoit,quo-
yquelle en fut innocente: pour cet
effet elle luy donna un rendès vous
ou Raymond Lule n'eut guarde de
manquer. Il croyoit Suivant lusage
Espagnol ne devoir pas perdre en pa-
roles un temps si precieux , & volut
passer aussitost a toutceque sa passion
luy pouvoit inspirer de plus vif,mais
dans le moment le plus proche de
celuy ou il aspiroit avec tant dem-
portement , la dame qui paroissoit

nas eu hauia dado detudo isto parte
ao Senhor Enviado, quando nomes-
mo instante o Vice-Rey fes saber que
era ali chegado para visitar Sua Excellencia, o qual nam lhe havendo dado
lugar o tempo para se compor, o re-
cebeo naforma em que seachava ; No
outro dia fui logo apagarlhe à visita ,
eficou ajantar comelle nam sepoden-
do escusar , edepois de jantar nos deu
as suasCarroças para hirmos pasear fora da Cidade da qual as fortificacoens
sam competentemente boas, mas o si-
tio pouco vantagioso .

No outro dia fomosuer o mauso-
leo de Raymondo Lule , que setem
com grande veneraçam , e gostei de
saber as particularidades de sua con-
versam .

Raymondo Lule de familia nobre
de Maiorca havendose emnamorado
de huma Senhora das mais fermosas
da quella Cidade, a seguia portoda
aparte.Hum dia que montado a caval-
lo viu aesta Senhora que entrava em-
huma igreia , emlevado de seu amor
a seguio entrando pella igreja sem
seapear ; Esta accam pouco discreta
havendo feito patente o seu amor, fes
resolver à quelle Senhora a buscar
hum meyo para liurarse de huma per-
seguiçam , que effendia sua reputaçam , epara este effeito lhe mandou
dizer lhe quisesse falar em certo lugar . Raymondo Lule segundo o uso
Espanhol lhe pareceu , que nam ha-
veria depassar Empalauras tam desi-
derada occasiam que se offerecia, mas
no instante precedente aodomayor
favor, lhe descobriu o seu peito onde
vio Raymondo, que hum Canccaro
que nell tinha havia transformado
esta supposta delicia em huma Chaga

auſſi humaine quil le pouuoit ſouheter, luy decouurit ſon ſein, q'un cancer avoit changè en une playe affreuſe. Voyès ditelle Monſieur le triſte obiet dune paſſion ſi auueugle; voila ceque vous avès pourſuivi juſqua lautel. Raymond a laſpec d'une choſe ſi differente de cequil ſeſtoit immaginè, fut touchè ſi ſerieuſement, que paſſant ſur le Champs a des reflections dignes de l'etendue de ſon eſprit, il ſe retira dans un deſert de la meſme Isle ou il commenſa une vie penitente, & ſtudieuſe: ce fut dans cette retraite ou il ecrivit les euures que lon a de luy, dont on enſeigne la Doctrine a l'Univerſitè de Maiorque, Sçauoir, Logicales libri, libri predicabiles, ſpirituales, variarum artium, Medicinæ, Juris utriuſque &c.

Le S.r Jozephe Pinto, qui eſtoit embarquè avec nous, fit ſur cela un ouurage deſprit dont Voici le ſujet. Lon ſçait que lors que le ſoleil, en parcourant le Zodiaque, rencontre le ſigne du cancer, il va auſitoſt remontant ſur l'Oriſon, & nous rend peu a peu ſapremiere chaleur. Il comparoit au ſoleil Raymond Lule qui apreſavoir declinè longtemps par des ſentiments roplibres, * reprit ſubitement a la vue du cancer le chemin de la plus haute lumiere parune vie exemplaire qui la fait reverer, & paſſer pour ſaint.

Le vingt ſept du Mois le temps ſèſtant un peu changè le Capitaine jugea que nous pouvions remettre a la voile, & Monſeigneur l'Envoiè prit congè du Vice-Roy qui le portat abord dans ſon Brigantin, & nous fit ſaluer de lartillerie de la Ville

* Il ne faut pas côfondre le Raymond Lule dont je parle avec Raymond Lule de tarraga hérétique qui fut condamnè par Gregoire XI. vers lan 1375.

medonha. Raymondo emtam à viſta de hum aſpecto tam horrendo, emenos eſperado, tornou em ſi de modo que fazendo reflexos dignos de ſeu grande entendimento, o obrigou a ritirarſe em hum deſerto da meſma Ilha, aonde paſſou huma vida ſtudioſa, e penitente, e eſcreveu ſuas obras, que ſe enſinam na Vniverſitade de Maiorica, como ſam Logicales libri, libri predicables, ſpirituales, variarum artium, Medicinæ utriuſque Juris &c.

O Senhor Joſeph Pinto Pereira gentilhome Portugues, que ſe achava em noſſa companhia, fès ſobre iſſo huma bella comparaçam. Sabeſe que quando o Sol ſe encontra ao ſegno de Cancro, ſevaj logo remontando ſobre o Oriſonte para outra ves nos communicar o ſeu primero calor. O lhe com parou ao ſol Raymondo Lule, que depois de haver declinado de ſeu grande entendimento por aciçoes muito livres, à viſta do Cancro tornou logo atomar ocaminho damais alta lus por huma vida exemplariſſima.

Aos 27. domes ſemoderou de tal ſorte o rigor da tempeſtade, que ſe reſolveo o Capitan alargar as vellas ao vento, e continuar a ſua viagem. Quis o Vice-Rey neſta forſoſa deſpedida conduſir ſua Excellencia no ſeu proprio Bergantino athe ovaxel,

le, & des forts, a quoy nous repondimes par unze coups de canon dans le moment que nous mifmes ala voile. Nous reprimes noftre route vers la Cofte de Barbarie entre les rochers de cabreira, oulon fait la peche du cocoral, & la pointe de lisle; mais le lendemain nous fumes forcès de repaffer une feconde fois a la vue de Majorque,& de ranger la cofte deCatalogne. Le mauvais temps dura ancore trois jours, & fut fuiui d'un calme qui nous fit donnerfond a Camarils a une lieve de taragona, dou nous levames lancre fur le foir, & le landemain 4. de Novembre, nous vimes de fort pres la Ville de Barcelone, devant la quelle nous louuoyames autres trois jours, jufquaceque enfin,un vent de nort nous porta pendant la nuit Jufques au milieu du golfe de Lyon, qui fut le plus beau de noftre navigation. A la vue de lisle de Corfe le vent ayant vn peu changè nous refolumes dy aborder, maisayant trouvè une feconde fois le vent favorable, nous continuames noftre voyage, & entrames dans le Port de Genes le unze de Novembre.

Lon ne pouvoit ariver plus apropos pour voir une dès plus belles ceremonies qui fe faffe en ce pay là; ceftoit la reception d'un nouueauDoge, qui fe fit dans la grande Salle du Palais Ducal qui contient cinq a fixcent perfonnes; a main gauche de cette Salle en entrant, eftoit un grand anfitheatre couvert de velours cramoifi

e mandou, que todas as fortalefas da Cidade defem repetidas falvas de artilharia; à qual refpondemos com onze conhoens, eovento entrou de forte, que nos obrigou a continuar onoffo primeiro caminho da parte da cofta de Barbaria. Aviftamos de paffagem a quelles rochedos deCabreira ofquaes anaturefa quis em requecer dapefcaria do Coral, que fe fàs na quella altura. Nodia feguinte aincon-stancia do tempo nos obrigou a que aviftamos outra ves a Ilha de Maiorca em coftando nos a parte de Catalunha. Durou ainda tres dias o vento contrario nofim dos quaes fe ferenou de tal forte,que feguindo huma grande calmaria, nos fes dar fundo em Camarilho, que difta hnma legoa de Taragona. O feguinte dia quatro de Novembro aviftamos de muito perto a Citade de Barcelona emcuja altura nos detivemos tres dias feguin do fempre varios rumos contra a violencia do tempo: porem entre efte repetido trabalho hum vento rijo, mas favoravel aos noffos intentos, nosfès vencer em huma noite a maior parte do golfo de Liam; donde aviftamos a Ilha de Corfica. Nella nam felançou anchora, por que o vento nosfavoreceu de forte, que o onze de Novembro entramos nodefejadoPorto de Genova.

O tempo, em que chegamos foj omais opportuno que fe podia defejar,para vermos o apparatozo acto que fefàs na coroaçam do feu Doge na grande Sala do palacio, naqual podem affiftir quafi feifcentas peffoas. Amam efquerda aoentrar da ditta Sala felevanta hum paleo do comprimento da mefma Sala cuberto de ve-

ſurle quèl eſtoit rangè la nobleſſe , & les Dames,dans leurs plus belles paru-res , au nombre denuiron deuxcent cinquante ; vis a vis ilyauoit un au-tre enfiteatre ou eſtoit un corps de Muſique de douze Violons,des trom-petes , des timballes , & autres inſtru-ments . En face il y auoit un dais fort Riche , & des bans de velours pour les Senateurs ; le nouueau doge vint au palais precedè d'une nombreuſe guarde , des Senateurs , & de Sa Mai-ſon habillèe tres magnifiquement, & apres qu' un Jeune orateur eut pro-noncè un diſcours dune demi heure, lon reuetit le Doge d'un habit Ducal, il pretales ſerments acoutumès , & fut enſuitte couronè au bruit des fan-fares , & de tout le canon de la Ville, & du port . L'aſſemblèe fut regalèe de toute ſorte d'eaux glaſsèes , & çela fut ſuiui d'une magnifique colation., ou les ſculteurs auoint plus trauaillè , que la cuiſine, conſequamment mau-uais repas, mais des plus beaux que jaye uu dans ce genre en France , a. Rome , & meſme en Angleterre , ou jemeſuis trouuè au dernier courone-ment qui ſy eſt ſait , car dans lún La-grande abondance des Viandes, & de vins , Dans celuy cy la delicateſſe des rafraichiſe ments , & les fruits les plus exquis rangès en piramides , a-compagnès de confitures qui for-moint des figures tres bien entendues. Somme toute la ceremonie nous pa-rut belle , & montroit aſsè lopulence de cette Republique .

ludo cremeſi trinado d'ouro , a onde ſe aſſenta a maior nobreza ricamente adornada; ejunta mente as Damas,que neſta occaziam ſedeixàm ver tam vi-ſtozas nos aceyos , que parecem huma animada primauera . Defronte deſte palco , correſpondia outro , aonde ſe ouuia huma concertada muſica con. ſuaue armonia de varios inſtromen-tos . Noprimeiro lugar de ditta Sala eſtaua armado hum ſoberbo dócel e debaixo delle huma cadeira grandè : pellos lados eram bancos cubertos de Velludo para ſe aſcentarem os Sena-dores . O Doge vinha acompanha-do de huma numeroza guarda , e dos ditos Senadores , epropria familia, que ſuppoſto nam hera muito nume-roza , contudo com a riqueſa , euiſto-ſo das galas , bem ſe podia deſculpar tam piqueno numero . Aſentado ô Duque debaixo de rico docel , hum. eloquente orador eſpos hum diſcurſo todo politico por eſpaço de meya. hora , em que exageraua opezo da. quella honrra nas obricaoens do go-uerno , e acabado eſte diſcurſo veſti-ram o Doge com manto, Ducal , e fei-tos oſcoſtumados juramentos , lhepu-ſeram a coroa; Feſtejaram eſta feſta. nàm ſomente com os inſtromentos da ditta Sala, mas tambem com artilharia de toda a Cidade , Fortalezas, enauios que eſtauam em oporto . O Banquete em que ſe terminou tanto aparato, te-ue de magnificentia Real auariedade das frutas , doces , aguas , leites gella-dos de toda a ſorte , ea todo cuſto preparadas emforma de triumphos, e piramidas com marauilhoſa elegan-cia , e confeſſo que neſte genero nam vi obras mais ſingolares em Paris,Ro-me , e Londre , aonde naultima co-

Chà-

roa-

Chacun parle differrament du genie de ses habitants, & il y court un
proverbe peu advantageux, dont pourtant nous ne nous sommes point a
persus, puisque la magnificence des
bastiments marque plutost labondan-
ce que la disette desbois; nous avons fait assè bone chere en poisson, & quant
aux Dames, pour moy jaurois jurè de
leur modestie, sur les Seules apparen-
ces. Elles sont en general tres bien
faites, se mettent de bonair a la Fran-
coise, mais sans magnificence, parceque il ya une pragmatique qui ne
permet les, etofes dor, & les piereries, qu'aux novelles marièes, &
pandant la premiere annèe de leurs
mariage seulement; leur langage
perd beaucoup de lagrement de la
langue Italienne, & les traits de leur
visage nont point cette regularitè, ni
leurs yeux cette vivacitè dune beautè Portuguaise si surprenente, que les
comparer suivant lusage de Portugal
aux etoiles, c'est je croy faire lèloge
des cieux, mais un advantage dont,
jouissent les Genoises qui paroitra tres
extraordinaire en Portugal, c'est un
certein privilege quelles se sont donnè d'avoir perpetuellement au pres
d'elles un courtisant, quelles apellent
leur chichisbe. Il est admis a la toi-
lette; il les accompagne a la conver-
sation, a lopera, au bal, & les suit pu-
bliquement lors quelles vont en vi-
ste, marchant apied a cotè de leur litiere, quelque temps quil fasse, sans
se faire une affaire de traverser les

ruis-

roaçam sefes excessiva a moltidam
dasiguarias, e quasi sem numero com
os mais preciosos vinhos que sepo-
dem achar, contudó so serviam deli-
zogear ogosto, mas nam de recrear
juntamente avista.

Diversamente descrevem oscurio-
sos as qualidades desta nobre Citade,
epara darem aentender ogenio dos
habitantes della, usam de certo pro-
verbio poco avantojoso, contudo a
magnificencia dos Pallacios dam evi-
dentes signaes da abundancia de ma-
dera, nam deixamos tambem de gostar
da variedade dopeixe, enam sam as
Sinhoras totalmente destituidas de
modestia; sam bem feitas, evestem
todas a Francesa, contudo que lhe sejam prohibidos osbrocados, ejoias
concedendo so aprematica as noivas
apoder usar delles por tempo de hum
anno. A sua lingoa nam he tam a-
gradavel come a Romana, e opincel
da diuina arte nam pos em seos rostos
adiligencia que teue emformar a cara
de huma bella Portuguesa, pois
mostrando aexperiencia, que quem
comparará os olhos desta fermosura
com as Estrellas, mais depressa fas li-
sonja ao Ceo, que favor à Dama. As
Genovesas logram huma prorogativa
tam grande, como rara, apraticarse
em Portugal. Ocaso he que estas
fidalgas usurparam hum privilegio
de terem sempre comsigo cadahuma
hum Cavalheiro galante, elusido,
quelheserve de divertimento, enam
se contentado delle assistir em casa
nos estrados, ainda se estende a sua
finesa à Rua acompanhandoa apè à
portinhola da Carroça, ou liteira, sem
que osol, ou a chuua sejam bastah-
tes para divertir seu amoroso capri-

D   cho

ruiffeaux des rues, & fans diton, efpe-
rer d'autre recompenfe de leurs affiduitè, que l'honneur de fervir une
belle Dame, qui pourtant eft la fem-
me dunautre, pourmoy je croy que les
maris le foufrent parceque comme elles ont coutame de chofir pour chichisbe defgens de bone mine, la vue
continuelle de cequi ne leurs fauroit
eftre indifferent, fait une telle impref-
fion fur elles, quelles en confoivent de
beaux enfants; fans quil encoute aux
maris quoy quil enfoit cet ufage eft fi
bien introduit chès la principalle no-
bleffe, quil fait un defpoints de la libertè, & fipeu dangereux, que les pre-
dicateurs ne fi oppofent point. Les e-
trangers profitent auffi de ce privilege, & mylord Piterborou, cydevant
general en Catalogne, s'eftant trouvè a Gennes pour quelque nego-
ciations fuivoit la litiere dune cet-
teine dame, mais botè a langloife,
èquipage qui ne fut jamais celuy de
la mour, & cette affiduitè qui dans
un autre lieu auroit paru comique, eft
au nombre des chofes que la mode
fait paffer pour bien feance quelques
extraordinaires quelles foint en effet. Au refte Gennes a de tres beaux
androits, qui a jufte titre luy ont donnè le nom de Gennes la fuperbe, &
toute la Ville eft fi proprement batie,
que je n'ay pu diftinguer quelles efto-
int les habitations des pauures gens.
apres avoir vu tout cequi y eft de plus
remarcable, fon E.e fit embarquer
fa famille Pour Lyvorne, & luy
prit la pofte a lericè. Ièus l'honneur
de luy faire compagnie, & cequi me
parut de plus beau dans la route, ce-
furent les rochers de marbre de dif-
fetentes couleurs qui font dans la
prin-

cho; nam efperando outro premio
de feu carinhofo frabalho, que ahonrra de fervir huma bella Dama; minha natural fimplicitade mefes crer,
que feos maridos o confentem fiados,
que tendo fuas mulheres bellas obie-
ctos, como coftumam fer os Cavalheiros xicisbeos faffa, nellos tal im-
preffam que pariffam filhos fimilhantes aobietto, os quaes coftumam fahir
barato aos maridos. Com os Eftrangeiros nam tem nada de foberba pois
com amefma generofidade de animo
experimentamos nellas efta coftuma-
da galantaria. Eftas fam as differen-
cias, quea depaizes, pois ocuftume
fas parecer bem o que no outro fenam
poderà acommodar com ogenio dos
homems. Efta Republica he dotada
de prerogativas tam excelentes, que
comjuftiffa lhe deram onome de Genova a foberba. Defpois determos
anoffa curiofidade fatisfeita domais
bello, e raro da cidade, Sua Excellencia mandou embarcar toda a fua
familia para Liorne, aonde chegou
om felicidade. O Sendor Enviado
goftou mais andar por terra toman-
do pofta em Lerice, e eu tive a fortu-
na, e honrra de o acompanhar, e fer-
villo nefta jornada; paffamos pello
Principado de Maffa aonde anaturefa
difpos a finefa dos marmores com
variedade das cores nas groffarias
de hums rochedos, e a Campanha
com tam aprafiveis caminhos, que
pareciam Jardins para opaffeo. Aos
26. de Novembro chegamos con fe-
liciffimo fuceffo a Cidade de Leorne
aonde Sua Excellencia foj vifitado do
Governador, oqual mandou logo fuas
Carroças para que pudeffemos ver
com commodidade agrandeza da
quelle

principautè de Maffa , & les chemins qui paroiffent autant de belles allèes faites expres pour la promenade . Le 26. Novembre nous arriuames a Livorne, vou Monfeigneur l'Envoyè fiat aufitoft complimentè du Governeur qui nous donna fes carroffes pour voir la Ville, & les de hors . Je remarquè fur le Port des Galeres la belle ftatue de bronze du Duc Ferdinand fur un pied deftal de marbre avec quatre efclaues enchainès au quatre coins . Cette Ville eft fort riche , & eft proprement le magafin de toute l'Italie . Dans toute cette route ou pour mieux dire dans toute l'Italie lon voiage commodement , & lon trouve partout daffè bonnes auberges , & des chaifes a Deux perfonnes autant que lon en veuft ; Nous en primes huit a Livorne , & quelques chevaux de fcelle , le furplus de la famille s'embarca pour Civita-Vechia avec le bagage , les cinges , & les peroquets . Nous vimes en paffant à Pife les beaux reftes de cette Republique, qui , par le nombre de fes Galeres, portoit enciennement fes conquefte jufques dans la terre Sainte, mais qui aujourduy eft beaucvup dè peuplè, quoyque bien batiè , & dans une belle cituation . Son Eglife Metropolitane à 76. Colones de marbre qui foutiennent fa voute tres haute , & fon dome paffe pour un des plus beaux del Italie . Son fimetiere , quils appellent le Campo-Santo parceque la terre en a eftè apportèe de Jerufalem , eft fi magnifique quil paroit tout enfemble la fepulture , & l'epitafe de ceque pife eftoit autre fois . Son baptiftaire eft auffi for beau en forte que lon peut dire queles Pifans entrent , & fortent magnifiquement

quelle Porto no qual vimos a quella grande ftatua de bronfe do Duque Dom Fernando Com abaza de finiffimo marmore, enos quatro cantos quatro efcravos prefos com cadeas . Vifto oporto , Cedade , e fuas fortificacoens . O Senhor Enviado fe refolueo aprofequir fua viagem para Roma, logo femeteram emordem oito Caleffos, e alguns Cavallos de cella, eamais familia de Sua Excellencia fe embarcou the efta Corte, aonde chegou depois de muitos perigos . Partimos para a Cidade de Piza deprefente fogeita ao Gran Duque de Tofcana . Antigamente foj celebrada por fer Republica tam poderofa, que com grande numero deGalès teve parte na conquifta de Jerufalem ; de fua antiquidade fcrveu Titolivio , Plinio, Strabon , Solin , e Alberto na fua defcripfam de Italia ; ainda hoje conferva viftofos edificios , e abondante terreno . O que mais convida a attencam dos eftrangeiros he a Igreja Metropolitana por fer huma funtuofa architetura, pois o levantado e fe fuftenta a tetto em feffenta e feis Colunas de marmore ; a què correfponde com valentia affua Cappella, emais difcurfo de toda aobra, o Baptifterio he magnifico , e de fingulariffima forma, e o Cimiterio, que chamam Campo-Sancto cuja terra veio de Jerufalem, he te tam rica architetura de finiffimo marmore, e com tal grandeza , que parece huma celebrada Sepultura do que foram os pifanos , e o epitafio do pouco que duram as felicitades. Nefta Cidade vifitou ao Senhor Enviado D. Diogo Lopes de Olhoa Portugues Cathedratico de prima no geral das leis naquella univerfidade, fogeito

ment de ce monde; il ya un jardin
de simples, une univerſitè, & milles
autres belles choſes dont Strabon, Solin, Pline, Titelive, & Alberti ont
parlè, ainſi jene ſortirai pas de mon
ſujet par une deſcription que lon
trouve tout au long dans pluſieurs auteurs. Son E.ᵉ fut saluè a Piſe dun
gentilhomme Portuguais profeſſeur
& Juris Conſulte de l'Univerſitè,
nommè D. Lopes de ulhoa a qui le
Grand Duque, en conſideration de
ſon rare merite, donne une bonne
penſion, & la fait commandeur de
lordre de S.ʳ eſtienne. Jay remarquè que pluſieurs Portuguais ètablis
hors de leur patrie, ſont recomman-
dables par quelque merite particulier. Tel eſt à Gennes le Reverend
Pere Sovares de lorde des Bernabites,
a Florence le Reverend Pere Jozephe
da Coſta delordre de la Miſſion, à
Rome le Reverend Pere Datahide,
auſi Illuſtrè par ſes vertus, que par
ſanaiſſanſe; aux Celéſtins le R. P.
Joſephe de Caſtro Theologal de Son
E.ᵉ & cydevant celuydu Duc de Parma; aux Carmes le R. P. Mindes, &
aux Franciſcains le Pere Michel; mais
ſi je metandois juſques aux Peres
Jeſuites, je pourois citer les Peres
Michel Dias aſſiſtant, Jean Baptiſta
Secretaire du R. P. General; le Pere
Jean Cardoſo Penitencier, & une infinitè d'autres qui ont fait, & ſont encore actuellement tant d'honneur a
leur nation, & aleurs ordre.

Le lendemain de noſtre arivèe a Florence, Son E.ᵉ allaſaluer le Gran Duc,
qui novs regala dune infinitè de gibi-
er, de vin, & de confitures, & nous envoya ſes Caroſſes pour nous en ſervir
le temps que Son E.ᵉ reſteroit à Flo-
ren-

geito tam grande que para acreditar
ſeos talentos ſuperiores em tudo, ba-
ſta que ſendo Eſtrangeiro occupou.
Tal lugar; o exceſſivo de ſeus mer-
cimentos primiou aliberalidade do
Gran Duque nam ſomente com aca-
deira, mas tambem com huma
fermoſa comenda do habito de San-
cto Eſtevam. Eſte Cavalhero me deu
occaſiam de advertir, que em toda
a parte a onde aſſiſtem os Senhores
Portugueſes, ſabem grangear eſtima-
coens por ſeos procedimentos, eparti-
culares talentos, como eu Conheci
em Genova o R. P. Soares da ordem
dos Barnabitas, em Florença, o P. Jozeph Comes da Coſta da Congregacam da Miſſam; em Roma o R. P. Atai-
de da Congregacam de S. Philippe
Neri dos quintaes nam menos Illuſtre
por ſua virtude, que por ſeu naſcimen-
to, nos P. Celeſtinos de S. Bento, o R. P.
D. Jozeph de Caſtro Theologo do Senhor Enviado antecedentemente da
Alteza Sereniſſima de Parma; nos
Obſervantes de S. Franciſco o Padre
Miguel; e ſeeu quiſeſſe alargar-
me the na companhia, podia narrar
as virtudes do R. P. Miguel Dias
aſſiſtente de Portugal, o P. Joam Cardoſo Penitenciero, do P. Joam Baptiſta Secretario de ſeu Geral, e de muitos outros, que foram, eainda ſervem
de exemplo as ſuas Religioens, e credito à nacam Portugueſa.

Chegamos a Florença, e nodia ſeguinte foj ſua Excellencia a viſitar o
Gran Duque, que o tratou com todas
as demoſtraçoens poſſiveis de Eſtima-
çam mandandonos logo varios mimos de frutas, doces precioſos, caixas
com

rence, mais la saison nous forsat dèn partir plus toſt que nous n'aurions souhetè, & ne nous donna quapeine le temps de voir les principalles curioſites de cettè ville, lune des plus belles de l'Italie;les places publiques ſont ornèes de Statues,& de belles fonteines. Les Egliſes ſont bien bàties,& entr'autres celle de S.ᵣ Laurent appellèe le Panteon, ou lonvoit les tombaux des Grands Ducs; le dedans de cette Egliſe eſtbati du marbre le plus rare, dans le quel eſt incruſtè le bronze dorè, le lapislazulaire, l'agate, les perles, & dès piereries. Nous vimes auſſi cette gallerie fameuſe qui eſt un treſor de pintures, de ſculpture antique, de medalles, & de mille autres raretès qui meriteroint un voyage expres. La curioſitè du Gran Duc s'eſt etendue juſqua a voir tous les portraits des grands Capitaines, tant enciens que modernes, parmi les quels je trouvè celuy de Monſeigneur le Comte des Galveas, Pere de Son E.ᵉ enfin apres avoir vu les choſes principalles Son E.ᵉ m'envoya à Rome en poſte luy preparer un Palais, en attandantquil ſy fut rendu appetites journèes, & pour marquer augrand Duc combien il luy reſtoit obligè d'un traitement ſi honneſte, il laiſſa entre les mains du Pere Jozephe da Coſta tout cequil avoit apportè de plus curieux de Portugal, qui conſiſtoit en quantitè de porceleines, eaux de cordua, paſtilles, cachou, a raras; & petits peroquets, pour enfaire preſent apres quil ſeroit parti de Florence. Auſſitot que jarivè à Rome je mis pied aterre ch'es le S.ᵣ Dom Joan Ribeira Gentilhomme Portuguais a qui ſon E.ᵉ m'avoit adreſsè, & nous chercha

com vinhos doſmilhores, e Caroças das ſuas promptas para nos ſervimos em todo o tempo que naquella Cidade aſſiſtimos, mas o rigor do Inverno nos obrigou adeixar dever empoucos dias omais precioſo de Florença huma das principaes Cidades da Italia com o titolo de Bella, logrando emdiverſas praças publicas ſontuoſas fontes e perfeitas eſtatuas, tanto de bronze, come de marmore feitas por Eſcultores rariſſimos com admiraçam de quem as ve. As Igrejas ſam feitas com grande, e ſoberba architetura principalmente a de Sam Laurenco chamada o Panteon, a onde ſevem as ſepulturas dos Grandes Duques feitas com tal grandeſa, eprimor da arte ſendo aſparedes deſta Igreja de Jaſpes Orientaes,bronze dourados, ornadas de perollas, Agata, Zafiros, e outras pedras finas emcaſtadas por todas as partes com tal induſtria, que nam ſeve outra ſimilhante. Admiramos tambem no Palacio do Gran Duque a gallaria a qual he hum tiſouro de pinturas antigas, e modernas, ſtatuas aſſim Gregas, como Romanas; e outras muitas curioſidades, e Medalhas &c. Goſtei muito dever os retratos de todos os Varoens Inſignes, e Capitans famoſos, antigos, e modernos entre os quaes eſta o do Excellentiſſimo Senhor Conde das Galveas pai do Excellentiſſimo Senhor Enviado. Depois de viſto omais principal deſta Cidade SuaExcellencia me mandou a Roma para lhe preparar Palatio capas de ſua peſſoa, e famillia, e antes de elle partir deixou namam do Padre Jozeph de Coſta quantidade de loica da India, caxunde, agoas de cordua, paſtilhas, araras, papagaios

chames l'un ; & l'autre inutilment un Palais convenable, qui se trouvasse a louer, mais il fit meubler un appartament dans celuy qui sert d'auspice aux Bernardins, & le porruu si abondament de toutes choses, que quinze jours que nousy demeurames furent une continuelle bonne chere.

Monseigneur l'Envoyè a son arrivèe à Rome receut les visites de toute la nation Portuguaise, & en auroit estè accablè de magnifiques presens, si il ne leurs avoit fait connoitre quil estoit trop desinteressè pour recevoir des choses de valeur, mais aussi assè genereux pour ne pas refuser cequi ne setédoit qua un plat de fruit, ou a quelques perdrix. Quoique les Portuguais eussent eu jusques a lors pour ministre des personnes d'un merite distinguè, ils ne laisserent pas de trouuer dans celuicy quelque chose qui flate davantage lambiration naturelle que lon a devoir representer la personne de son Roy, par un Seigneur dont la naissance reponde au caractere quil doit soutinir, & qui est plus brillant à Rome que dans aucune autre court de l'Europe. Ils trovoit encore dans la

gaios &c.; para que depois de sua partida os presentasse ao Gran Duque em satisfaçam das finesas quetinha recebido. Querendo eu executar com prontesa aordem de Sua Excellencia en vinte e quatro horas fis as cincoenta legoas, que ha de Florença a Roma, sem que oàspero das Serras eo desertozo dos caminhos embaraçassem omeu disvello. Eu me apiei em casa de Joam Ribeiro de Miranda hum dos Gentilommes de Sua Excellencia, e nam sendò possivel poder achar palacio; eu consenti que o ditto Joam Ribeiro de Miranda allojase Sua Excellencia no palacio dos Padres de S. Bernardo, e lhe preparasse todo o necessario, o que elle fes com Real grandesa, que em quinze dias, que ali esteue o Senhor Enviado, e toda a familia foj hum continuo banquete.

Chegado, que foj Sua Excellencia a Roma, recebeu visitas da nacam Portuguesa a qual queria mostrar com regallos, e ricos mimos, o quanto applaudiam over na Curia representar o seu Rey hum fidalgo de tanta estimaçam, havendo muitos annos, que nam tinham tido por ministros pessoas desta qualidade, e grandesa dando a entender a todos, que elle que vinha a Roma para honrrar, e servir anaçam, enam para darlhe omais piqueno agravo, e que conhecia bastantemente nos Senhores Portuguses o quanto o amavam para correspondelhe com omesmo affecto. Deu parte Sua Excellencia a o Cardeal Paulucci Secretario d'Estado de como tinha chegado a Roma; mas como esta Corte costuma ser mais frequentada de Embaixadores, e Residen-

la perfonne de Son E.e certeines ma-
nieres honnetes, & prevenantes, qui
luy attirent la refpectueufe confiance
dun chacun. Son E.e donna part au
Cardinal PaulucciSecretaire d'etat de
fon arrivèe a Rome, mais comme jufqu'alors lonnavoit point reglè a cette cour de quelle maniere lon devoit
recevoir les Envoyès des teftes cou-
ronèes, ce n'eftoit pas une chofe fa-
cile a decider, dautant plus que lon
avoit donnè precedament un traitement plus honnorable aux refidents,
qu'aux Envoyes, qui n'avoit pas fait
dordinaire un long fejour a Rome,
enforte que il fut neceffaire a l'occafion de Son E.e de faire un reglement
nouueau qui le mit entre l'Embaffade-
ur, & le Refident, & come dans cette
cour le ceremonial eft fouuant l'ori-
gine d'une mefintelligence prejudi-
ciable, & quelque fois d'une rupture,
Son E.e ne jugea pas apropos de tra-
vailler a fe mettre en publique jufquaceque lon luy eut accordè les hon-
neurs quil croyoit convenables a fon
caractere. Son Eminence Monfeigneur le Cardinal Barberini,qui honn-
nore Monfeigneur l'Envoyè d'une
particulier'amitiè, fe chargea du memoire de Son Exc.e & d'un autre coté
Son Eminence Monfeigneur le Cardinal Ottoboni folicitoit Sa Saintetè
de favorirfer le Miniftre d'un Roy
inviolablement attachè au S.t Ciege,
& aupres de qui les Nonces trovoint
a Lisbonne toutes la faveur immagi-
nable. Son Eminence agiffoit dautant plus volontiers, quil femble dans
toutes les occafions de rendre fervi-
ces a la Couronne de Portugal, que
la bienveillance du Pape Alexandre
huit fon oncle pour le Roy D. Pedro,
ait

dentes, nam tinha a the qui eftabeli-
cido tratamento para Inviados Extra-
ordinarios de Monarcas, eaffi nam foj
facil de dicidir como haviam de receber Sua Excellencia fem que primeiro fizeffem diverfas Congregaçoens
de Cardeaes para refolverem hum
tratamento,que foffe menos deEmbai-
xador, e mais que Refidente, e entre
tanto que nam vinham a efta refolu-
çam, nam quis o Senhor Inviado dar
principio a fua preparaçam de meter-
fe empublico, por entender nam que-
reria o feu Rey affiftiffe emCorte a onde felhefaltaffe à minima parte das
Regalias que fedevem a fimilhantes
reprefentantes, e peffoa da esfera de
Sua Excellencia; O Senhor Cardeal
Francifco Barberini o qual trata o Senhor Inviado com huma eftreita
amifade, fazia nefte negocio por parte de Sua Excellencia, como tam ben
o Eminentiffimo Senhor Cardeal
Ottoboni fole citava a Sua Sancti-
tade, que confolaffe o Miniftro de
hum Rey tanto amante da See Apo-
ftolica dando continuos finaes de veneraçam nos favores, que na fua Rial
Cidade de Lisboa exprimentam os
Nuncios, e bem fevia no zello com
que Sua Eminencia fe moftrou nefte
negocio, e fe moftra em todos ofin-
tereffes da Coroa de Portugal herdei-
ro de feu tio a boa memoria do Papa
Alexandre Oitavo amantiffimo del
Rey D. Pedro Segundo que Deus tenha em gloria; querendo efte Cardeal Princepe intereffarfe em tudo o
que toca à Mageftade del Rey Dom
Joam o Quinto. Tratada muitas, e
repetidas vezes efta queftam do ditto
Ceremonial em varias Congregaçoens; defferida de huma para outra, fe-
paf

ait paſsè dans le ſang d'un neveu ſi-genereux, pourſintereſſer veritable-ment a tout cequi reguarde aujour-dhuy le Roy Dom Joan. La choſe agitèe dans diverſes Congregations, & remiſe pluſieurs fois ſe termina en-fin, apres plus de ſix mois, a tout ce que Monſeigneur l'Envoyè pouvoit raiſonablement ſou heter.

Il fut permis a Son E.ᵉ de faire ha-uſſer le Baldaquino dans la Sale deſes aſtaſiers, & dans la chambre d'au-diance.

De faire mettre des glans de ſoye noire a la teſte deſes chevaux, qui eſt ceque lon appelles des fioques.

De porter l'ombrello, eſt un para-ſol que porte un Valet audevant du Caroçe ſou le bras.

Un couſſin de vellours noir; il ſert a l'Egliſe ou ſi lon rencontre le Saint Sacrement.

Que le Decano pouroit eſtre ha-billè de vellours noir; ceſt le primier eſtaſier.

Que les Cardinaux qui ne luy do-neroint pas le titre d'Excellence le traiteroint de Lei a la troiſieme per-ſonne, & non de Illuſtriſſima, que lon donne au Reſident.

Quil pouroit demander l'audian-ce du Pape le jour pour le lendemain, ou le matin pour lapres mi di.

Quil entreroit a l'audiance le pèe ou cotè, & le chapeau ſous le bras.

Que les Cardinaux le receuroint en habit decent, & non en habit court ou en deſabillè.

Mon-

paſſaram ſeis mezes; e finalmente ſe determinou tudo a quillo, que com refam pertendia Sua Excellencia, que hera.

Ter hum docel levantado na Sa-la de ſeos Lacaios, os quais chamam eſtafeiros, e outro docel em caſa das audiencias.

Borlas de ſeda negra nas cabeças dos Cavallos.

O chapeau de ſol, qua coſtumam os Cardiaes, e Princepes fazer levar por hum criado adiante de ſua Carro-ça de baixo do braço.

Hum coxim de vellude para ſepor da goilhos na Igreja ou na rua quando encontraſſe o Sanctiſſimo Sacramen-to.

Que o Decano de ſeos Lacayos pu-deſſe andar veſtido de veludo como odos Cardiaes, e Princepes.

Que a qnelles Cardiaes os quaes lhe nam deſſem o titolo de Excellen-cia lhe nam pudeſſem dar o de Illu-ſtriſſimo, que coſtumam dar a os Re-ſidentes, mas que lhefalaſſem por terceira peſſoa, que em Italiano ſe dis Lei.

Que pudeſſe pedir audiencia a S. Sanctidade de hum dia para o outro, e de manham para a tarde.

Que entraria de Sua Sanctidade com eſpada a cinta, e chapeau de bai-xo do braſſo.

Que os Dardiaes o receberiam compoſtos com veſtidos de corte, e nam de Campanha.

O Se-

Pietro Zerman del.
Gio: Batta Sintes sculp Rome

Pietro Zerman del.
Gio: Batta Sintes sculp.

Monſeigneur l'Envoyè contant, quelon eut fait a ſon occaſion un reglement qui le met dans une juſte proportion au deſſus du reſident; ſans prejudicier a l'Ambaſſadeur, donna les ordres neceſſaires pour ſe mettre en publique. M.ͬ Manòel Gonzalves un de ſes Gentilhommes ſe chargea de faire faire les armes que lon acoutume de mettre a la faſſade du Palais, & comme ce Gentilhomme a bon gouſt, & une diſpoſition toute particuliere pour la pinture, il y reuſſit très bien, & employa le S.ͬ Michel Ange pour mettre ſon idèe en execution; elles ont vingt cinq palmes de hauteur ſur 15. de large, & les figures ſont beaucoup plus hautes que le naturel; elles furent elevèes a la faſſade du Palais aubruit des timballes, & des trompettes, pendant que Son E.ᵉ eſtoit allè au plais de S. Pierre a ſa premiere audiance publique; voicy les eſtampes de ces armes qui jay fait graver ſur les originaux.

O Senhor Inviado ſatisfeito de que por ſua cauſa ſe eſtabeleceſſe neſta Corte hum novo Ceremonial com o qual os Monarcas pudeſſem mandar por Inviados peſſoas da primeira sfera ſem preiudicar ao titolo dos Embaxadores, deu logo as ordens neceſſarias para ſeu luzido treno de meterſe em publico. O S.ͬ Manòel Gonçalues Ribeiro hum dos Gentilhomes de Sua Excellencia tomou por ſua conta em mandar fazer as armas do Papa, e às de Sua Mageſtade, que ſe coſtumam por em cima da porta do palacio, e tendo eſte Gentilomem huma rara, e ſingular eleiçam para muitas cauſas lhe ſucedeu perfeitiſſimamente como ſevè nas eſtampas ſeguintes, que eu fis abrir ſobre os originaes que elle fes pintar de ſua Idea, e capricho por Miguel Angello. As ditas armas tẽ cadàhuma vinte e cinco palmos de altura. Foram poſtas na fachada do Palacio de Sua Excellencia. A os catorze de Abril, a ſonoro ruido, e feſtivo eſtrondo de trombetas, tambores, clarins, e attaballas, em tempoque eſtavamos fazendo a primeira viſita empublico ao Papa.

LE Palais de Son E.ᶜ, qui eſtoit precedamment du Cardinal Cavalerini, a cinquantedeux feneſtres ſur la rue, & les appartements ſont doubles.

La Salle des eſtafiers eſt tres ſpacieuſe, ornèe dun dais de drap rouge de 26. palmes de hauteur, bordè de ſoye de meſme que les portieres.

Les trois premiers anticambres ſont meublès de damas cramoiſi avec leurs friſes, & cieges de velours, & les rideaux de tafetas de meſme couleur.

Le quatrieme anticambre eſt tapiſsè de damas guarni d'un large galon d'or ſur toutes les coutures, & les friſes. Les fauteuils ſont de velours guarnis deleurs franges, & de leurs galons d'or; Les tables de jaſpe ſur des pieds dorès. Dans cette chambre ſont les portraits de leurs Alteſſes D. Franciſco, D. Manuel, D. Anthonio freres du Roi,& de l'Infante ſa ſeur. Lon entre enſuite dans la chambre d'audience qui eſt plus magnifique que les precedentes dans la quelle, lon vòit ſous un dais tres riche le portrait du Pape,& a ſes cotès ceux du Roy, & de la Reyne de Portugal dans des bordures de bon gouſt, aſsè riches. Ces portraits ont eſtè faits par leSieurDavid peintre Venicien ſur les originaux que Son E.ᶜ avoit apportè de Lisbone pour la reſſemblence ſeulement.

Les

O Palacio de Sua Excellencia,no qual antecedentemente morava o Cardeal Cavalarini,tem cincoenta, e duas janellas da parte da rua com dobrados apartamentos.

A Sala dos lacayos he eſpacioſiſſima, armada com hum docel grande de pano vermelho todo bordado de ſedas, da altura de 26. palmos com ſua balauſtra rodiado todo de pinturas, e de baixo do dito docel eſtam as armas de Sua Excellencia. As Cortinas das portas d'eſta Salla ſam do meſmo pano bordadas da meſma cor, e os bancos pintados com as armas de Sua Excellencia.

As tres primeiras anticameras ſam todas armadas de damaſco cremeſi com ſenefas de velludo, e nas janellas cortinas de taffetà todas cheyas de Cadeiras de veludo.

A quarta anticamera alem de ſer armada de hum rico damaſco, tem galoens de ouro por todas as coſiduras do damaſco; As ſenefas, e cadeiras ſam de veludo guarnecidas de galoens, e franjas de ouro, e no cham eſtendido hum tapete da perſia. Neſta quarta anticamera eſtam os retratos de ſuas Altezas os Senhores Dom Franciſco, D. Manoel, D. Antonio com o da Senhora Infanta, e deſta caſa ſe entra na da audiencia a qual excede na riqueſe a todas as outras juntas. Neſta eſtam de baixo de hum riquiſſimo docel os retratos do Papa, del Rey, e da Reynha com molduras de rico valor, e arte ſingular. Eſtes retratos os quaes dam nos olhos de todos,os quevem viſitar Sua E.ª foram feitos por David pintor Veneziano havendo trazido Sua E.ª de Portugal os originaes dos quaes ſepudeſſem fater eſtas copias.

Os

Les autres apartements sont meublès a proportion de ce luici tres proprement.

La famille haute de Son Excellence consiste en

Mon.r Jozephe Bartolè Maistre de Chambres.

Mon.r Manuel Martin Cansado Secretaire de S. E.

Mon.r Pierre Vas Tarouco Major d'Homme.

Mon.r Joan Ribeira de Miranda Secretaire Dambassade.

Mon.r Manuel Gonsalve Gentilhomme de S. E.

Mon.r Manuel de Fontseca Gentilhomme de S. E.

Mon.r Sebastien Raposo Gentilhomme de S. E.

Mon.r Alexandre Henriques Gentilhomme de S. E.

Mon.r Pierre Fourtado aumonier.

Mon.r Domenico Anthonio Nicolai Secretaire de langue Italiene.

M.r Cristofle Pereira) deux abès au service de S. E.
M.r Joan Dias da Silva)

Mon.r Andre Neapoliona Maistre D'hotel.

M.r Amar da Motta) Valets de Chambre
M.r Jean de Luca)

Un Maistre de' Curie Mon.r de Angelis.

Francois de Benincasa Capitaine de la Porte.

Et moy qui ai lhonneur destre l'ecuyer de S. E.

Pour rendre justice au merite de tous ces messieurs je me contenteray de dire quils font honneur chacun aleurs employ, & a leurs nation. Ils portent des habits differents suivant les

Os outros apartamentos sam armados de panos de Ràs com muita galantaria.

A famillia de Sua Excellencia conste nas pessoas a baixo nomeadas.

O S.r Jozeph Bartole Mestre de Camera.

O S.r Manoel Martins Cansado Segretario de S. E.

O S.r Pedro Vas Tarouco Mayordomo.

O S.r Joam Riberio de Miranda Gentilhomem das Embaxadas.

O S.r Manoel Gonçalues Ribero Gentilommem de S. E.

O S.r Manoel da Fonçeca Gentilhommem de S. E.

O S.r Sebastiam Raposo Gentilomem de S. E.

O S.r Alexandre Henrique Gentilhommem de S. E.

O S.r Pedro Fortado Capelan.

O S.r Domenigo Anthonio Nicolai Segretario da lingoa Italiana.

O S.r Christovam Pereira) dous Abbades a o serviço de S. E.
O S.r Joam Dias da Sylva)

O S.r Andre Napolioni Mestre de Casa.

O S.r Amaro da Motta) Aios de S. E.
O S.r Joam de Luca)

O S.r d'Angelis Mestre da Estreuarie.

Francisco Benincasa Capitan da Porta.

E eu que tenho a honrra de ser estribairo de S. E.

Nam querendo sua E. entrasse em sua caza pessoa que nam pudesse servir de credito a naçam Portuguesa, todos estes Senhores entraram nesta Corte sem mais empenhos que o de seus

les occasions; ceux de campagne sont de drap d'Angleterre de differentes couleurs galonès d'or , & pour habits de ceremonie , des Justaucorps de moire noire avec les manches , & les vestes de brocar d'or , des manteaux de moire doublès de lustrin , de grandes peruques , des rabats. & manchettes da point .

Les trois Livrèes .

LA livrèe de Ville est d'nn drap ecarlatte couver d'un large galon d'or sur toutes les coutures , auxcotès du quel est un galon de velours fort ètroit , melè de differentes couleurs, & aulieu de boutonieres ce sont des agrements d'or , larges de quatre dois de deux cotès , devant , sur les manches , & deriere . Ilya trois livres de galon d'or sur chaque Justacorps. Les boutons sont de fil d'or , les vestes de drap verd tourville bordèes de galon d'or; les bas de soye , & des plumes rouges , & blanches sur des chapeaus bordès d'or , le tout si magnifique quil ni en a aucune a Rome qui en aproche .

Il ya vingt quatre autres livrèes d'etè qui sont d'une ecarlatte tres fine garnie d'un galon de soye couleur d'or , blan , & verd ; & vingtequatre autres encore de drap gris de fer pour

seus merecimentos e prendas : Vestem os ditos Gentilhommes de diverses maneiras ; seus vestidos de Campanha sam pano Ingles de diversas cores conforme o gosto de cadahum guarnecidos de ouro;os de corte sam huma bella seda negra com vestias , e canhoens de brocado de ouro, voltas epunhos de ponto feitos em Genova,e capas da mesma seda forradas de sitim , levam todos cabeleiras compridas que fazem todos juntos bellissime vista .

Librès ,

SAm vinte e quatro os vestidos de pano berne forrados de cor verde de mar , com vestias , e calçoens da mesma cor . A guarniçam do dito vestido he hum galam de ouro largo tres dedos , e para unir a boa eleiçam e manificencia , se ve a os dous lados do dito galam de ouro hum piqueno de veludo de varias cores , o qual senam fosse , pareceria ham destes vestidos mais proprio para hum official de guerra , que para libre . Os botoens da casaca sam de fio de ouro , e as casas sam alamares de ouro de huma , e outra parte largos de quatro dedos , de modo que cada vestido d'este la cayos leva quarenta , e quatro onça de galam . Os chapeos sam com caires de ouro , plumas vermelhas , e meyas de seda brancas , punhos , gravatas cabelleiras , spadins, the as luvas sam todas da mesma cor , e a custa de Sua Excellencia .

Sam outras vinte e quatro vestidos de escarlatto guarnecidos de galoens menos ricosda primeyra , e outros vinte , quatro de pano de cor de

la campagne, doublèes de rouge avec des boutons de cuiure dorè, des gro- ces eguilettes de foye fur le paule, & des manteaux de mefme drap.

Outre ces trois livrèes il ya huit la- quais habillès de camifoles blanches bordèes de rouge avec des cintures fort amples de tafetas verd tourville, des culottes come celles quont en Portugal les andarinos, a falbana de Dantelles d'or, & des petits chapeaux bordès d'or avec des plumes rouge, & blanches. Ces laquais courent au-devant du carroffe de Son E.ᵉ lors quilva a 6. chevaus.

Le Decano, qui marche toujours aucotè du carrofe e ordone le fervice aux autres eftafiers, eft habillè de velours noir a la Romaine. Outre ce nombre de domeftique les Gen- tilhommes ont encore leurs valets particuliers avec des livrèes telle quilleur plait; les deux miens, a caufe de mon inclination particuliere a la maifon de Vimiofo, font habillès de drap verd avec des allamars de ga- lon d'argent, & des plumes vertes,& blanches &c.

Apres que Son E.ᵉ fefut fait appor- ter des deffeins de carrofes des mil- leurs artiftes de Rome pour en choi- fir un qui repondit a la magnificence quil feftoit propefèe, il me fit l'hon- neur de preferer celuy dont javois fait faire le modelle, & pour me mar- quer davantage combien il en eftoit content il mordonna de faire prefent d'une medalle d'or a celuy par qui jàvois fait mettre en execution mon idèe. Je mètudie'a joindre la richef- fe des carroffes a la Romaine, au bon-gouft des eftoufes de France fur des proportions mageftueufes, & a ex-pri-

ferro forrado de vermelho com boto-ens de metal dourados com capas do mefmo pano.

Alem deftas tres librès fam oito de corredores, que fe chamam lacayos veftidos ligeiramente com muita bi-farria com calçoes largos de chama-lote de ceda encarnada feitos com ba-lambafes rodeados de renda de ouro. Eftes criados correm diante das car-roças quando Sua Excellencia anda a feis cavallos.

O Decano dos lacayos,que ordina-riamente anda fempre vifinho à por-ta de Carroça,vefte de velludo à Ro-mana.Fora deftes criados tem os Gen-tilhommens de Sua Excellencia cadahum os feos com libres que lhe pa-rece. Os meos por particular refpei-to que theno à cafa do Excellentiffi-mo Senhor Conde de Vimiofo tra-zem libres de pano verde com ala-mares de galam de prata, e galoens de velludo de varias cores con fuas plumas verdes,e brancas.

Depois de Sua Excellencia ter vi-vifto varios de buxos de Carroças dos milhores, emais raros Efcultores de Roma, me fes a honrra de preferir hum que eu mandei fazer de minha elieçam ficando tam contente à vifta do modello da ditta Carroça, que me ordenou regalaffe huma medalha de ouro a quem tinha feito o dito modello. Aminha particular aten-çam foj de vnir a riquefa das Car-roças Romanas à belleza das Eftu-fas Francefas, e fafer amais magefto-fa que foffe poffivel, moftrando no entalho, e pintura dellas as virtudes

del

primer dans la sculpture, & dans la pinture les vertus du Roi de Portugal, la grandeur de ses etats, & la valeur de ses peuples.

del Rei, a grandesa de seos Estados, e o valor de seos vassallos.

C'Est donc une restitution que je fais a la Sacrèe Magestè de Dom Jean Cinq.e plus tost qu'un omage, puisque jay empruntè des propres vertus de ce Monarque les omements qui donnent quelque reputation a cet ouurage, aussi ne pretends je point tirer une vaine glorie d'un simple devoir dont je m'aquitte, & bien loin d'avoir travaillè aux de pens de l'imagination, jaurois pu, dans une matiere si vaste, trouver sans peine de quoy enrichir d'ornements, les plus superbes edifices, dignes d'une memoire eternelle, jentrepredrois de faire le portrait de ce grand Roi, si la renomèe ne mavoit prevenue, & comme dailleurs le pinseau pouroit trambler dans la main mesme dappelles, je me contente de l'annagrame que jay trouuèe dans son nom, ou sans changer ogmanter ny diminuer une seule lettre, lon trouve la plus belle eloge q'un prince puisse desirer. La depence prodigeuse de ce Roi dans les jndes, & dans tous ses estats, pour logmentation de la foy, & du Culte Divin, sont des qualitès qui eclatent dans sa personne, & feront un jour les plus beaux traits de l'istoire.

PArecerà igualmente restituiçam, que reverente obsequio, este tributo que consagra a minha obrigacam à Sagra Magestade del Rei D. Joan o quinto, por haver tomado das suas virtudes o mayor lusimento para esta obra, da qual menamfica vana gloria consultando que a Excellentia de tam grande Monarca he sufficiente para enrriquecer os mais relevantes edificios dignos da eternal memoria, e assim deixo por conta da fama o pregoar taes grandezas, e conhecendo que ainda na propria man de Apelles tremeria o pincel, se de tantas virtudes juntas, quisesse fazer huma pintura; me contento de repetir hum anagramma que achei em seu nome sem acrescentar, nem demenuir letra alguna, o qual he em poucas palauras omais bello panegirico que se pode offerecer a hum Rei amante da verdadeira e mais lusida gloria.

Jean
cinquieme Roi
de Portugal et des
Algarues
anagramme
o Le Grand Prince
que tu as aimè Dieu
et sa Gloire
ANNE V. PORT AILIÆ ET ALGARVI
PRÆVI ICTO

AU ROI
D. IEAN CINQ.ᴱ
DE PORTVGAL.

Pᴀʀ Viſſant Roi qui du ciel tenès entre les mains
Le droit de decider du bonheur des humains.
Par l'union des vertus, & d'un pouuoir ſi ample
Vous eſtes en meſme temps noſtre Roi, noſtre exemple.
Et par cet art divin, & ſi ingenieux
Vous captivès nos coeurs, & redoublès nos veux.

La guerre epuiſe en vin ce Monarque en depences
Il ſçait ſi bien regler le fond de ſes finances.
Que ſans rien negliger on levoit entout lieu
Semer abondamment celle quil fait pour Dieu.
Son miniſtre aujourdhuy par ſa magnificence
Annonce le retour de lancienne abondance.
Le tage ou les caſars rampliſſoint leur treſor
Convertit de nouueau ſes ſables en monts d'or,
Ou ſon Roi, dont on voit une ſi vive image
Veuſt des ſables du tibre en faire ceux du tage.
Rome pour ce Caſar a vos Caſars egal
Faites retentir l'air des viva Portugal.

AD

AD SACRAM MAJESTATEM
D. IOANNIS V.
LUSITANIÆ REGIS
EPIGRAMMA.

EN Rex Armipotens Lusitani gloria Regni;
Oceani vastis qui dominatur Aquis;

Inclita progenies Regali Stirpe JOANNES,
Heres Bellipotens, Rege Parente Satus.

Justitia imbutus, rerumque omniscius Heros,
Virtutis cunctas qui coacervat opes;

Puppibus hic altis, & montis qualibet instar,
Neptuni Tiphos perterefecit ovans;

Xaverium cujus Proavus transmisit ad Indos,
Hinc ibi crescit adhuc intemerata Fides.

Hujus & intuitu nunc Crux veneranda triumphat,
Ac Thure, ac Tædis qualibet Ara micas;

O utinam Reges huius Systema tenerent,
Tunc Octomani Luna silert opus.

Obsequii, & Deditionis ergo
Gaspar Sfragaro.

n del.
Gio. Batta Sintes
Gio. Batta Sintes

TOut le Char, les Roues, les ferrements, & le corps de ce carosse sont dorès, garnis de festons, de figures de tres belle sculpture, & pour joindre le bon goust a la magnificence, jay decrit sur le corps du carosse en pintures legeres, & tres vives, les attributs les plus convenables suivant l'idèe que je men estois formèe.

Les quatre bras du train ou sont attachèes les suspentes sont quatre figures d'une belle attitude, qui representent les quatre parties du monde dans les quelles le Roy de Portugal a des terres, ou pour mieux dire des Royaumes. Le marchepied du cocher est fait enforme de coquille soutenue par deux fleuues, qui sont le tibre, & le tage, qui quoyque distant l'un de l'autre ne laissent pas davoir une parfaite union par la grande correspondance de leur maitre, entretenue en partie par la prudence de leurs ministres, qui font qu'aujourdhuy encore comme enciennement, les Romains trouuent pour ainsidire de lor sur les rivages du Tage.

Les rayons des roues sont faits en forme de sceptre, de maniere que de quel cotè que tourne le carosse, tout son pois repose toujours sur un sceptre, de mesme que cest sur le sceptre, qne les peuples se reposent de leur liber-

ESta primeira carroça em que Sua Excellencia fes sua entrada he por confisam de todos amais vistosa, que se ue hoje em Roma, e com tal disposiçam fabricada, que a o sahir em publico foj igualmente aplaudida, que admirada. No carro seapurou a arte no entalho dãs figuras como tambem nos festoens, rodas, e ferros. O corpo de toda a carroça he hum monte de ouro malitado com taes pinturas que nam se sabe distinguir a admiraçã, que ha nella de mais precioso se ouro, se os rasgos do pincel. Todas estas figuras sam naturaes emblemas das repetidas glorias de Portugal, e vertudes de seu Monarca.

Os quatro braços do seu carro se compoem de quatro vistosissimas figuras em que se representam as quatros partes do mundo, nas quaes o valor Portugues nam somente rtemulou Bandeiras, mas conquistou Imperios. Aonde estriba o cocherio os pes, he huma concha sustentada de dous celebrados Rios o Tejo, e o Tibre. As distancias de hum, e outro Rio nam impedem a uniam para Triunfo, porque ambos concorrem com ouro de que he animada esta maquina, o Tejo oha em suas areas, e o Tibre o offeroce na carroça.

Os rayos das rodas sam entalhados a modo de Sceptros de tal forte, que em todo o movimento, que fas a dita carroça sempre o peso della discansa sobre hum Sceptro, empresa de que acontece nasbem governadas Mo-

bertè, & que Roulent les affaires les plus importantes de l'etat.

Le corps de ce carrroffe a treize palmes de hauteur dans son tout, en comptant dubas de la portiere qui eft elevèe de terre de deux palmes, & quoyqu' il puiffe contenir huit perfonnes, fon poids cependant eft proportionè a la force de deux chevaux frifons·

Tout le dedans, & l'imperialle en dehors, eft doublè de velours cramoifi brodè d'or avec fes campannes, & franges tres riches. Les amours qui font affis fur les portieres, & dans les millieus audeffus des glaces devant. & deriere, tiennent dans leurs mains de gros glans d'or, & des feftons de fleurs de fculpture.

Quatre figures paroiffent naitre des quatre coins du corps du caroffe qui reprefentent la Juftice, la moderation, la liberalitè, & la prudence, les quelles vertus unies, font une armonie parfaite dans le coeur d'un fouuerain, & je croy dautant plus les devoir adopter au Roy de Portugal, que jay eu le bonheur d'en refentir les effets pendant quatre annèes que j'ai eu l'honneur d'eftre a lo cour de ce genereux prince.

narquias aonde fobre o Sceptro de feus vigilantes Monarcas fe fermam todas as fortunas de feos Vaffallos.

O corpo d'efta carroça tem de altura treze palmos medindoa da parte mais inferior da partinhola, e efta fica diftante da terra sò dous palmos. Com baftante defafogo cabem nella oito peffoas, e com fer tam grande o pefo della he proporcionada a força ordinaria de dous cavallos frifoens.

A parte de dentro, e mais o teto de fora he forrado de velludo cremefi com riquiffimos bordados de fino ouro; as cortinas fam de brocado, e fica toda efta obra tam aprafivel à vifta pella variedadedos bordados de ouro, quanto pella valentia em que fe emlaçam, que convida neceffariamente a regiftralla as a advertencia da mais mortificada attençam. Do teto da Carroça pendem largas, e ricas franjas de ouro com tal envençam tecidas, que nos movimentos da carroça fe transformam em tremulentos ondas de ouro fino. Os oito pomos fam de metal dourado de fequinos com tanto primor fabricados, que fenam forem muitos, e repetidos os examesa valentia do artificiofo correra por natural.

Nafcem dos quatro cantos da dita carroça quatro figuras de mezo corpo, que reprefentam a juftiça, a moderaçam, a liberalidade, e prudencia, virtudes que unidas nocoraçam de hum foberano fazem huma armonia perfeita para as mais acertadas direçoens de hum admiravel governo, e o Monarca Reynante em que refidem como em centro, he a Sagrada Mageftade del Rei Dom Joam o Quinto de que eu fem lizoja fou abonada

Sur le millieu de l'imperialle de ce superbe caroffe lon voit un groupe de trois amours qui foutienent la couronne de Portugal, & femblent l'elever au ciel: j'ay voulu donner a entendre que l'amour des peuples eft lappui le plus affurè des couronnes, & que ce mefme amour, fortement imprimè dans le coeur da la nation Portuguefe, pour un Roi accompagnè de tant de vertus, l'elevent jufqu' au ciel par leurs adorations.

Il nait de cette couronne trois feftons, dont l'un eft de fleurs, l'autre dèpis, & l'autre de raifains, qui reprefentent les trois belles faifons de lannèe, & non les quatre, parce que je croy, que fous un fi beau Reigne lon ne fentira jamais Dhiver, fes fujets fe faifant honneur de concourrir tous avec la mefme chaleur a tout cequi peut contribuer a la gloire de leur Roi.

teftemonha pellas experiencias de quatro annos que afifti na fua Corte.

Os tres amores, que eu pus em figura de alados meninos fobre o meyo do tecto da carroça, pella parte de fora, fuftentam a Coroa de Portugal tam levantada, que pello ligeiro movimento de fuas azas parecem conftituir a todas fuperioridade, pois do repetido amor dos pouos, fam infallivel confequencia as firmefas, e augmentos dof mefmos Reis, e a nacam Portugueza he primeira fem fegunda nas finezas a eftablecer com vantagens conhecidas a Coroa de feos Monarcas.

D'efta mefma coroa faem tres açafates, hum delles cheyo de flores, ò outro de efpigas, e o ultimo de uvas fimbolo das tres mais ferteis ftajoens do anno, como fam a Primavera, Veram, e Outono. Pareceu me Muito acertado nam meter nefta emprefa a figura do Inverno, porque como efta no fentir de muitos he Gerolifico dos infurtunios, nam he conveniente tenha lugar em huma Monarquia como a de Portugal a onde agraça, e a natureza concorreram para formarem a o Reynante, Monarquia tam adequadamente perfeita, que todo por em tudo nas praudas mais relevantes, fam infalliveis as venturas de feos Subditos, e muito mais quando nos verdadeiros Portuguefes fe encontra a confonancia de ferem argos para as glorias de feu Rei.

DEux ovalles occupent le millieu des bades portieres, & reprefentent tailles; ces medalles font foutenues

AOs lados da Carroça feve no meyo das portinholas em hum piqueno circolo ovado huma batalha, e fuften-

es par deux figures dont l'une tient une couronne d'Olivier, & un bouclier, l'autre une couronne de Laurier, & une epèe; ces Deux figures reptefentent la paix, & la guerre, & portent toutes deux des couronnes parceque lon peut dire avec juftice, que fi les Portuguais font glorieux dans la guerre par leurs epèe, ils ne le font pas moins dans la paix par leur commerce maritime.

fuftentafe efta ovada em duas figuras, que reprefentam a pas, e a guerra; Cada huma dellas tem na mam, que lhe fica livre coroas tecidas de Oliveira com Lauro, e na outra huma efpada; Exprimi n'efta Idea, que os Portuguezes nam merecem menos gloria no tempo da pas pella deftrefa com que difpoem os intereffes maritimos, como no tempo da guerra pella valentia no combatterem com a efpada:

Pietro Zerman delin.
Gio Batta Sintes Sculp.Rom.

IAY reprefentè fur le devant du Carroffe la decouverte des indes par des anfans ailès qui font les vents elisès, qui ouurent un rideau dont les ornements font des yeux . Sous ce rideau trois autres anfans font occupès a prendre hauteur, & a traffer fur une mapemonde cefchemins que les Portuguais par un travail, des fatigues, & un courage incroyable, ont comme fixès fur l'inconftance mefme .

Les deux figures indiennes marquent les advantages, & les richeffes quils tirent de leur decouuertes, & les deux termes qui font dans les deux extremitès au pied des quels lon voit deux fleuues, reprefentent les deux limites de lempire de Portugal, fçavoir a l'Orient le fleuue gange, & a l'Occident le Rio de la Plata .

NA proa da Carroça fe reprefenta o defcobrimento das Indias . Os ventos Elifeos em figuras de meninos correm com elegancia humas cortinas, e outros fobre hum pedeftal fentados moftram fobre hum Mapamundo com hum compaffo o caminho para fe confeguir tam gloriofa emprefa, as confequencias de tam inaudita façanha fe percebem logo em duas figuras Indianas, que tributam em humas Cornicopias, as riquefas de feü vaftiffimo Emisferio .

Os dous termos, que fam nas partes mais remotas da dita pintura a ofpes dos quaes fevem dous caudalozos Rios que fam o Gange, e o da Prata limitam a Monarquia Portuguefa, huma no Oriente, e efta no Occidente, termos que ainda hoje conferva ovalor Portugues nas fuas conquiftas .

LA pinture du docier du Carrosse est accompagnèe d'un ornement tres gracieux , & lon voit dans le millieu sur un pied destal, ornè de trofèes , Lusitania assise sur le globe quelle a parcouru acompagnèe d'hercule, je veust dire d'une force, & d'un courage qui la fait vincre des monstres plus barbares que ceux dont hercule mesme a celebre ses travaux. Les depouilles de tant dennemis, & les captiff quelle a enchainès donnent occasion a son heureux genie de la courronner, & a la renommèe de publier aiamais sa glorie.

NA poppa da dita Carroça esta pintada a grande Lusitania vestida de Pallas, emagestramente assentada sobra hum globo; tem a seu lado o famoso Hercoles armado de sua tã temida massa,e pelle de Leam. A os pes da Lusitania sevem repetidos despoios de seos Triunfos representados ja embarbaros presos com fortes cadeas ja em redidas armas, reliquias de tam continuadas batalhas, pelloque justamente se coroe com Imperial Diadema.

Pietro Brunnone delin.
Gio. Batta. Brustolon Sculp. Rome

Pietro Zerman delin.
Gio: Batta Sintes sculp Rome

ENtre les roues de deriere du carosse lon voit laffrique, & l'A-
merique & une figure assise qui repre
sente la religion donnant la main
a un maure, qui paroit tomber du
char en terre. Quel atribut plus glorieux, & a qui plus legitimement
du, qu'aux Rois de Portugal qui
par leurs conquestes, & les Mis-
sions de leurs R. Peres Jesuites dans
les indes, & principalement a la Chine, ont tirè des millions dames d'une
chute eternelle, en leurs donnant la
connoissance du Urai Dieu audepens
mesme de la proprevie, & en prodi-
guant pour ainsidire le sang de tant de
martires, qui rependu dans des terres si ingrates, ne laisse pas de pro-
duire des fruits agreables au maitre
de l'univers, & nesce pas un miracle
evident, de voir qu'un petit nombre
de Portuguais resiste de puis tant dan-
nèes dans des places mediocrement
fortifiès a toutes les forces, & a la ra-
ge mesme de toute l'Affrique, qui
napu par ses efforts continuels leurs
en le ver la place de Marsagan assigèe
depuis plus de trante annèes.

La sfere est la devise, que mettent
lesPortuguais au pavillon de leurs va-
isseaux,& je la fais porter a une de ces
figures,parceque par la connoissance
quils ont eu de cette admirable ma-
chine ils ont trasse a l'Europe les che
mins, des nouueaux mondes quil sont
coquis,& quils meritent de governer.

Les harnois de ce Carosse sont de
velours cramoisi brodès, & galonès
d'or de mesme que les suspentes. Les
8. vases qui sont sur l'Imperialle, les
boucles des sus pentes, les guardes des
Ressorts, & les fiches sont de metal
dorè a sequin des plus riches qui se
fassent.

ENntre Africa, e America se ve a
Religion dando amam a hum
mouro, que vaj cahindo do carro. He
emblema do Cattolico Zello dos Reis
de Portugal,nam se contentaram com
expulsar de seos Reinos a heresia, senam que em partes tam remotas deram amam a muitos pellas forças de
suas armas,e pello meyo de seos Reve-
rendissimos, e dignissimos Padres da
Campanhia para se redusirem a o cul-
to de verdadeira Religiam. Estes ser-
viços paga Deos com sustentar contra o impetu, e raiva de toda a nourisi-
ma the os menores presidios de Portugal,cono se ve em Marzagam, eñas
outras partes de seos novos Mundos
nos quaes esmaltaram os Portuguefes
a sua Caroa com os Rubins de sangue
de seos Martires, que generosamen-
te aquistaram riquissimos tisouros para as chaves de sam Pedro, e immor-
tal gloria a suas proesas.

A sphera he divisa que costumam
os Portupuefes usar nas bandeiras das
suas naos, e com resam a faço levar
a huma destas figuras para mostrar
que na noticia que tiveram os Portuguefes da diversidade de circolos
desta admiravel maquina, deram re-
gras a Europa de poder com facilida-
de caminhar a quantidade deReynos,
que a custo do seu valor conquista-
ram, e com tanta gloria governam.

Os arreyos d'esta Carroça sam de
velludo cremesi agalloados, e bordados de ouro; As guardamollas, fi-
vellas dos corrioens, e de todos os
arreyos sam de bronze dourados a se-
quinos, e as redias dos cavallos sam
tecidas de ouro finissimo.

Second Carrosse.

CEtte estoufe peut contenir six personnes commodement, tout le train, & les Roues en sont dorès aussibien que le corps du Carrosse, dont la partie qui est depuis le bas des colones jusques a l'Imperialle est couuerte de velours, & celle den bas est ornèe de pintures a la mosaïque. Au dossier du Carrosse en de hors lon voit un chifre en broderie d'or surmontè d'une couronne & acompagnède quelques ornements de mesme travail, qui correspondent a ceux du dedans qui est du mesme velours brodè, & galone d'or. Le ciege du cochè est aussi de velours, & ses pantes sont couuertes d'un galon d'or d'un palme de large. Les supentes, & harnois sont de cuir rouge garnis tres proprement de metal dorè en abondance, & du meilleur goust. Le dessein de la pinture a estè donnè le S.r Manoel Gonsalves, & sont dassè bon goust.

Segunda Carroça.

ESta he huma Stufa capas para seis pessoas, com seu Carro, Rodas, Caixa, e todos os ferramentos dourados, e intallados a ultima usanca, com singular perfeicam. A parte de fora he pella mayor parte cuberta de velludo cremesi, e o restante de finas pinturas em campo de ouro. A parte detras tem sobre o velludo huma grande cifra bordada de ouro, coroada, e acompanhada com suas palmas, e festoens, os quaes correspondem a o bordado de dentro da carroça, igualmente rico. O coxim do cocheiro he cuberto do mesmo veludo, e guarnecido de hum gallam de ouro de hum palmo de largo, como tambem o teto da dita carroça sobre o qual estam 8. pomos de bronze dourado de singular feitio. Os corrions, e arreyos sam de maroquino de levante todos cubertos de bronze. Os de buxos das raras pinturas d'esta carroça, que consistem em ornamentos Moisaicos foram por eleicam do Senhor Manoel Gonçalves Ribeyro o qual mostrou n'esta singular obra o seu bom gosto.

Lerman delin.
Gio. Battà Sintes Sculp. Romæ

Pietro Zerman del.

Gio Batta Sintes Sculp Roma.

Troisieme Carrosse.

QUoyque lon puisse dire avec justice, que les ouuriers de Rome travaillent parfaitement en plusieurs sortes de choses, son E.ᵉ ne laissa pas de faire venir de Paris par voye de gennes une tres belle Estouffe, Sçachant bien que les plus belles qui se font ailleurs ne font que des coppies fidelles de celles de France. Le devant, & le deriere du train sont dorès, & les Roues sont partie dorèes, & partie de vermillon; elle est coverte, & doublèe du plus beau velours a fleurs, qui se puisse voir, en richie de galons d'or en sorte que si elle est moins grande que les autres, du moins elle ne cede point en galanterie, & en belle forme ; Ses ornements de pintures sont si legers que je nay pu les marquer dans lestampe, pour ne pas faire de confusion. Je lay fait orner de quelques attributs dont je donne l'explication ; & quelque justesse que jaye observè dans les desseins de ces carrosses bien loin destre, flatès je puis assurer quils ne donnent qune idèe tres inferieure de cequils sont en effet.

Terceira Carroça.

CON tudo que com justiça a fama publica que em muitas cousas excedem os officiaes de Roma aos demais, sua Excellencia conhecendo qu'em materias de Carroças Paris sempre teue o primeyro lugar, resolveo mandar vir huma Stufa sem reparar em despezas, nem no perigo de tam dilatada jornada sò afim de singularisar mais o seu treno ; O carro d'esta he todo dourado, com alguma cor de cremesi que sevé no intalho das rodas para dar alegre vista. He forrada a dita Stufa, e cuberta do mais rico veludo laurado que se pode fazer, e guarnecida de galoens de ouro con tal galantaria destribuidos, que supposta a primeyra Carroça merecia pella riquesa as primazias, esta pella sua bellesa tem suas similhanças de galante, e bisarria. Sam as pinturas com que se adorna tam delicadas mostrando o pintor seu egenho, que nam permite a cor da estampa e assim so fis stampar as armas de sua Excellencia que estam em todos os meyos della. Tambem posso dizer deixando de parte todo o genero de lijonja, que nenhum destes de buxos pode formar huma verdadejra idea dos originaes, nam havendo eu visto nas varias e muitas cortes a onde assisti carroças, que na magnificencia junta a galantaria se possam a essas a similhar.

LEs sfinx que jay plassès aupres des Roues font le fimbole du filence, & je veuft decrire par la cet admirable fecret fur le quel Roula le fucces de la grande affaire qui procura au Portugal le retour de fon encienne libertè l'an 1640. rendant a Jean IV. Duque de Bragance la couronne qui luy eftoit fi legitimement due que la France qui avoit dans toutes les occafions aidè de fes forces cette puiffante maifon, ne l'abbandonna pas dans une entreprife fi jufte, & foutenue avec le courage ordinaire quònt toujours montrè les francois a foutenir leurs alliès pour qui il font fi fouuant facrifiè leur repos, & leur propre vie.

Les Zefirs reprefentent parleurs feftons de fleurs, & de fruits, l'abondance, & la temperance de ce beau clima, & cette figure affife au millieu femble par fon accion rendre graces au Ciel des advantages naturels dont on jouit en ce pai la, Lun des plus beaux de l'Europe.

Les trois autres Carroffes qui doivent fervir d'acompagnement aux trois premiers, font doublès de Damas de Gennes avec leurs franges, & galons des meilleurs qui fe fafsèt. Leur train eft vernisè de noir a filets d'or, & les Roues tournèes, & dorèes en partie. Tous ces Carroffes ont eftè guarnis par le S.r Anthonio Salci, & la fculture a eftè faite par Jozephe le Maciado ouuriers tres experimentès dans leur art.

OS finx que fevem fam cimbolo do admiravel fegredo o qual foj a pedra fundamental em que fe affentou o felix fuceffo que teve Portugal em aquiftar a liberdade na acclamaçam de feu legitimo Rei, que com tanta gloria foj obedicido, e amado de feos fieis vafallos, e conhecindo o mundo quanto juftificada hera efta imprefa, nam deixou aminha naçam de impenharfe com o feu coftumado valor em ajudar os feos aliados, facrificando fangue, e vida fo a fim dever no Trono a Real, e Illuftre cafa de Bargança que tinha tanto directo a elle.

Os Zefiros que eftam poftos fobre os braços do carro tendo nafmãos feftons de flores, fam fignificativos da fertilidade, e doce clima da famofa Cidade de Lisboa, e a quelle que eftã affentado no meyo, olhando para o Ceo, parece lhe tributa agradecimentos da relevante ventagem que logra em hum dos mais famofos Paizes do Mundo.

As tres Carroças que fervem de acompanhamento a eftas tres primeiras fam feitas à Romana a ultima moda, forradas de Damafco de Genova con fuas franjas, e galoens de velludo, alamares de bronze dourados, e pregarias do mefmo metal. Seos Carros, e Rodas fam parte dourados, e parte de vernis e em conclufam das milhores que nefta corte fetem vifto nos fequitos de Embaixadores. O official que as fes fuj Antonio Salci Seleiro e o Efcultor Jozeph Machado ambos infignes na fua arte.

Pietro Zerman del.
Gio. Batta Sintes sculp. Romæ

QUoyque tout ſe trouva preſt des le commancement du carreme , Son E.ᵉ ne jugeant pas a propos d'interrompre un temps de penitence, par des marques d'une joye qui devoit devenir univerſelle, differa juſques apres paques a ſe mettre en publique . Le 12. du mois d'Auril il demanda audiance au Pape pour le dimanche ſuivant, & envoya ſes Gentilhommes donner part au Sacrè Colege, aux Princes , Duques , & autres , amis de la couronne de Portugal , que le dimanche 14. du mois il alloit a l'audiance faire ſçavoir a Sa Santitè l'heureuſe arrivèe de la Reyne de Portugal a Lisbonne, qu'en accion de graces d'une ſi hureuſe nouvelle,apres trois jours de rejouiſance a ſon palais , & des illuminations , il feroit chanter un Te Deum, a l'Egliſe nationalle de **S.** Anthoine . Le dimanche adeux heures apres midi le palais de Son E.ᵉ ſe trouva rempli de Seigneurs allemans, des Gentilhommes de tous le principaux Signeurs , & de toute la nation Portuguaiſe a complimenter Monſeigneur l'Envoyè , & apres que toute l'aſſemblèe eut pris des rafraichiſſements de toute ſortes deaux glacèes , ſorbet , & chocolat ; Son E.ᵉ monta dans ſon ſuperbe carroſſe acompagnè de Monſieur Dom Jozephe Cæſar de meneſes,& de quatre Seigneurs allemans des principaux qui ſe trouvoint à Rome . Leſpaces de plus de deux mil de chemin, quil ya du palais de Son E.ᵉ a celuy du Vatican , ne ſuffiſoit pas pour contenir les carroſſes de la nobleſſe Romaine , & des Dames qui eſtoint

ran-

PReparado eſtava tudo com grandiſſimo luſimento para poder Sua Excellencia fazer a ſua publica funcam nos principios da Quareſma , mà nam conſentia ſua natural prudencia que em tempo que os pregadores nos Pulpitos gridavam penitencia, dar en Roma ſinaes de tanta alegria, e aſſim diſcretamente reſolveo S. Excellencia o retardar oporſe empublico, que foſſe finido o tempo da Paſcoa , e havendo pedido audiencia a Sua Sanctidade para os 14. do mes d'Abril,Sua Excellencia por ſeos Gentilhomens mandou dar parte a todo o Sagrado Collegio , Principes, e Duques , e mais perſonagens amigos da Coroa de Portugal , como Domingo quatorze do mes andava empubliço a dar parte a Sua Sanctidade da Chegada felis que fez em Lisboa a Senhora Reynha de Portugal , e que em rendimento de graças de tam proſpero ſuceſſo , terminados que ſeriam os tres dias de luminarias en ſeu Palacio ſecantaria na Igreja nacional de S. Antonio hum ſumtuoſo Te Deum Laudamus . Com effeito no domingo pellas duas depois do meyo dia ſe hacaram no palacio Cavalheiros Tedeſcos da primeyra claſe , Gentilhomens de Embaixadores, Princepes , e Duques , e o mais florido da nacam Portugueſa para a companhar Sua Excellencia , e depois de terem tomado ſorbertes , aguas geladas de todas aſ ſortas , e chocolates , monto Sua Excellencia na ſua ſoberba Carroça com o Senhor D. Jozeph Ceſar de Menezes, e quatro fidalgos Tedeſcos dos mais principaes , e os mais nas outras

Car-

rangès enfile, ensorteque ce nestoit pas une petite difficultè de traverser tant de Rues avec un cortege de plus de quatrevingt Carrosses qui suivoint ceux de Son E.ᵉ lon estoit obligè darreter a tout moment, & le peuple faisoit retentir l'air des viva Portugal.

Je nay point fait le recit de l'habillement de Monseigneur l'Envoyè parceque sa bonne grace naturelle, & son air noble n'empruntoint rien des piereries ny de lor dont ses habits estoint enrichis.

Si jexcepte la magnificence qui navoit point d'egual, tout concourroit egalement a embelir une feste qui honnoroit l'une, & l'autre nation. Le temps mesme avoit pretè un air le plus cerain du monde, en sorte que rien nestoit plus beau a voir, que ces superbes carrosses passer sur le pont Saint Ange; Le soleil dardoit ses rayons sur ces montagnes d'or ambulantes, & d'autres rayons qui partoint de milles reflets hureux, sembloint disputer au soleil mesme l'honneur d'une double lumiere qui èblouissoit les yeux des spectateurs. Les chevaux superbes de leurs maitre, & du char trionfant quils trainoint, annimès de leur propre vigueur, & de la multitude, paroissoint me priser la terre quils fouloint aux pieds, mais auec tant de legeretè, que je puis dire quils firent plus de chemin en l'air quils nen firent par terre. Son Excellence estoit afsè occupè de repondre a toutes les honnetetès des dames, & de la noblesse qui le saluoint, & au peuple qui donnoit mille benedictions au Roi de Portugal par des cris
de

Carroças que alem da quellas de Sua Excellencia heram mais de oitenta, e pello spacio de meya legoa que a do Palacio de S. Excellencia a quelle do Papa, heram em tanta quantidade as Carroças dos fidalgos pellas ruas, que apenas tinha lugar para passar o cortejo ouuindo continuos gridos de viva Portugal.

Eu nam faço a pintura dos vestidos de, Sua Excellencia por que a sua natural graça e bizarria na boa eleiçam nam pede nada imprestado do ouro, nem dos diamantes dos quaes elles heram cubertos.

A magnificencia hera sem igualdade osastros mesmos concorriam a favorecer huma tam honrrosa grandesa do ministro omais Zelloso das glorias de seu Monarca, que sendo os dias antecedentes tam incapazes por resam da muita chuua, nos faziam perplexos, e duvidozos de encontrar hum similhante dia, porem Sua Excellencia nam reparando a os danos que de tal tempo podiam nascer, pedida que foj a audiencia se vio favorecido da Aurora da quelle dia, que soube amanhecer tam clara nas segurancas das Nuvens que lhe acertou patrocinio firmo, e lhe communicava lustres seguros na participaçam dos rayos de hum sol que no dispendio da lus lhe influio o valor, e na continuacam da influencia lhe perpetuou o lustre. Nocte pluit tota redeunt spectacula mane. Na passagem da ponte S. Angello, onde o sol brilhava sem sombra, nasciam das Carroças rayos, que ce gavam a os que admirados jas viam, a creditandoas todos por montos ambulantes de ouro, que sem necessitarem do sol illustrosse
atro-

de joye. Arivès en fin au palais, Son Excellence mit pied a terre au grand escalier, ou nous trouuames la garde sous les armes tambour batant. Son Excellence precedèe de plus de trois cent personnes qui l'accompagnoint fut introduit a l'audiance de Sa Saintetè & y entra le pèe au cotè, & le chapeau sous le bras. Apres un discours des plus eloquents, & en tres peu de parolles, toute sa famille haute fut introduite a baiser les pieds de Sa Saintetè qui nous donna meintes benedictions , & des indulgences jusques au troisieme degre. Cette fonction finie Son Ex.e desendit a l'appartament de Son Eminence Monseigneur le Cardinal Pauluci Secretaire d'Estat qui le vint recevoir au milllieu de de la salle des estaffiers, & le reconduisit jusque la porte du coridor de son appartement, de la nous decendimes a S. Piere ou son E.e fit sapriere devant lhotel du S. Sacrement,& devant le grand hotel. Nous sortimes de l'Eglise par la grande porte pour remonter en carrosse, & reprimes le chemin du palais de Son Ex.e dans le mesme ordre que nous en etions venu. Nous trouuames dans les Rues une mesme quantitè de carrosses jusques a S. Carle dei Catinari, & toutes les maisons des environs estoint deja illuminèes avec des lumieres mises dans des lanternes pintes des armes de Portugal , que Son E.e avoit fait distribuer a tous ceux qui en avoint souhetè . Toute la façade du palais de Son E.e qui a cinquante deux fenestres sur la rue estoit illuminèe de torches de cire blanche, & une musique de trompettes, & de timballes, se faisoit entendre de fort loin.

atropelharam nuvens, brilharam luzes, consumiram trevoas, e eternisaram se nas azas da fama de tal maneira que o sol cioso deuer hum carro nam menos luzido que o seu proprio , peleijava a quem por mil, emil differentes rayos en cantaria milhor os o lhos dos spectatores. Os cavallos soberbos ainda mais domestre que levavam que da riquesa de tal Carro Trionfante , e animados do seu proprio vigor, pareciam mais que tocavam a terra por desprezo, que por resam de seu natural, pois tam ligeiramente apisavam, que se pode dizer que pello ar fizeram mais caminho que por terra. Entre tanto S Excellencia hera muito aplicado a satisfazer com cortezias as infinitas que dopouo recebia , e às demostraçoens de alegria com que todos em vos alta aclamavam viva el Rei de Portugal . Tanto que chegou a o Palacio Vaticano Sua Excellencia seapeou a o pe da escada mayor aonde seachou a guarda do Papa posta em fila, e o receberam a som dos tambores , e chegando a o apartamento de Sua Sanctidade precedido de mais de trezentas pessoas que o acompanhavam foj recebydo com toda a grandeza , e ostetacam de todos os Monsenhores, e Cavalheiros. Entrou a audiencia cia com chapeo de baixo do braço, e espada à cinta . Despois de a presentar a Sua Sanctidade a carta del Rei acõpanhandoa hum breve discurso nascido da fidalga eloquēcia de S. Excellencia , foj admitida toda a sua familia nobre abeijar ospes de S. Sanctidade que nos concedeu a todos grandes ingulgencias The o tercejro grado . Esta funçam durou por espacio de huma hora , e

aca-

loin . Tous ceux qui avoint acompagnè Son E.ᵉ furent de nouveau regalès deaux glacèes,bifcuits,vins de Florences,&c. douze perfonnes fervoint continuellement de ces rafraichiffements au publique pendant toutes les trois nuits que durerent ces illuminations. Tous le Princes, & Seigneurs amis de la Couronne de Portugal illuminerent auffi leurs palais, & les n3tionaux fe diftinguerent par tout cequils purent Inventer de plus fingulier pour montrer leur Zele .

acabada que foj pafou S.Ex.ᵃ a o apartamento do Em.º Cardial Paulucci Segretario de Eftado o qual oveyo receber a o meyo da Sala de feos eftafieros. Acabada a vifita o conduzio the a porta do corredor de feo apartamento . Da li acompanhamos S·E.ᵃ a Igreja de S. Pedro , e como coftumam os meniftros , fes fua oracam na Capella do Sanctiffimo , e a do Altar Mayor, faindo pella porta principal para montar em carroça, avefinhandofe a nojte fe acenderam quātidade de torchas de cera branca, e paffando pellas ruas nam feviam mais que carroças de Senhoras , e Cavalhejros que concorreram de toda a parte da Cidade para ver a grandefa com que S. E. fe moftrou nefte publica açam. Nas vifinhanças do Palacio feviam todas as cazas alumiadas com l'internas pintadas com as armas de Portugal · Eftava a fronte do Palacio de S·E. o qual tem pella parte principal cincoenta e duas janellas,aluminada com torchas dece. ra branca , e defmontamos das carroças a fom de trombetas e attaballes que durou toda a noite,o que deu occafiam a o pouo,e a nobreza avir paffar pellas ruas aluminadas , e entrarem no Palacio a tomar varios, e continuos rinfrefcos. Efta mefma pompa durou repetida por tres noites confecutivas com concurfo igual de gente de toda a sphera e alegria inexplicavel . Os Princepes , Duques , e Cavalheiros Romanos inclinados à Coroa de Portugal fiferam tambem luminarias de modo que quafi toda Roma fe via aluminada , e os nacionaes principalmente nefta occafiam fiferam feftas , egallas com demoftraçoens de grande alegria, e de hum affecto extraordinario a quem com tam grande fafto honrrarau a fua naçam.

Le　　　　　　　　　　　　　　No

Le mercredi suivant tous ceux qui avoint cortegè S. E. se trouverent a son palais, & apres les rafraichissements acoutumès, S. E. monta en carosse, & se rendit a S. Anthoine. L'Eglise estoit magnifiquement ornèe des tapisseries, & autres meubles de Monseigneur le Cardinal Barberini disposès par M.ʳ Dom Manoel Gonzalves dans une tres bonne maniere, mais cequi attachoit le plus la vue estoint les portraits du Roi, & de toute la famille Royalle a qui le peintre auoit donnè outre une rassemblence naturelle, une bonne grace, & une Magestè qui plaisoit a tout le monde. Celuydu Roi estoit audessus de la porte en dedans de l'Eglise en fasse du grand autel. A la main gauche estoit celuy de la Reyne, & celuy du Pape aumillieu. Ceux des princes Dom Francisco, Dom Manoel, Dom Anthonio, & de l'Infante estoint aux quatre pilliers de la nefe de l'Eglise, tous dans des bordures de bon goust, & bien dorèes. La Messe fut celebrèe par Monseigneur Nicolai Eveque de Berito, & Vicaire de S. Pierre, & fut chantèe par les meilleurs musiciens du Pape, de la Reyne de Pologne, & du Cardinal Ottoboni accompagnès d'un corps de 24. violons, huit basses de violon, & vn autre corps de haubois timballes, trompettes, & autres instruments au nombre en tout de quatre vingt six sur un anfiteatre tres bien entendu qui occupoit un descotès de l'Eglise. Le tout ensemble paroissoit la plus vive raprefentation de la cour celeste. Aussitost que la musique eut achevè de chanter un motet; une nombreuse artillerie que lon avoit disposèe dans

No dia 17. quarta feira determinada para o Te Deum Laudamus, começaram a concorrer os mesmos Cavalheiros que no dia da audiencia. A Igreja Real de S. Antonioera soberbamente armada dos mais riços panos da casa Barberini disposto em boa forma; mas o que mais de tudo convidava a os olhos, e levava a admiraçam do publico heram os retratos del Rey, Reynha, e de toda a casa Real. Estava o retrato del Rey em cima da porta da parte de dentro da Igreja a mam direita, o da Reynha a mam esquerda, e o do Papa no meyo, todos tres de corpo intejro com molduras de boa eleicam; heram os retratos de tam nobre pintura, e boa greça que se deve a arte do pincel a mayor fineza em imitar o natural, tambem reprefentado, que quem tinha visto el Rey Dom Joan Quinto, o conhecia nam somente pella semelhança mas tambem pella magestade. Foj celebrada a Missa por Monsenhor Nicolai Bispo, e Vigario da Igreja de S. Pedro, e foi cantada pellos mais celebres musicos do Papa, da Reyna de Polonia, e do Cardeal Ottoboni acompanhados de hum corpo de instromentos que constavam de 24. rabechas; oito rabecoens. e hum corpo de o boes trombetas, a taballes, dous orgaõs, e outros instrumentos, que todos juntos constava de 86. pessoas assentadas sobra hum nobilissimo choro bem ordonado e feito para esta funcam em hum lado de dita Igreja, e de tal sorte foj cantado o Te Deum, e o motete que hera a mais viva similhança da gloria celeste; se despararam huma quantidade de mortejros, outras artilharias, que tudo concorria

les Rues voisines se fit entendre de toute la Ville, & le tout s'unissoit ensemble par intervalles pour mieux exprimer la grandeur de cette pompe. Pour donner une plus claire idée de l'attention generalle de Monseigneur l'Envoyè, il me suffit de dire, que touts les divertissements, la magnificence, & l'accion de graces furent proportionès a la grandeur du Roy, a la generosité de son ministre, & au Zele d'une nation qui ne cede a aucune autre en veritable amour de la gloire de son Roy.

Le mesme jour la Reyne de Pologne, accompagnèe de la Princesse sa petite fille, cousine Germaine du Roy & de la Reyne de Portugal, visiterent l'Eglise de S. Anthoine. Sa Maiestè pour montrer encore davantage la part quelle prenoit a la joye de la nation Portuguaise, fit illuminer son palais de flambaux de cire blanche, qui durerent toute la nuit avec la magnificence que sa Majestè a coutume d'user dans les beaux spectacles dont elle a la generosité de faire participer le publique pendant plusieurs mois de l'annèe, & aux quels S. E. & toute sa maison a eu l'honneur d'assister plusieurs fois, mais jusquici incognito, a cause de quelques difficultès sur le ceremonial, qui n'estant point encore reglèes suspendent l'obligation, & le desir particulier de Monseigneur l'Envoyè de donner en publique les marques de respec, & de reconnoissance qui se doivent a une Reyne qui honnore la nation Portuguaise de sa Bienveillance, & a une princesse allièe de si proche aux plus grandres puissances de l'Europe,

&

ria com a mesma grandesa para festejar os esposorios de hum Monarca, que por sua clemencia, justiça, e zelo inexplicavel para a Religiam Catolica nam merecia menos na mesma corte de Roma. Se deu fin a os publicos aplausos com alguns particolares banquetes no palacio. Para mayor concejto de tudo basta dizer hera tudo de justa proporçam à grandeza com que o Excellentissimo Senhor Inviado obrou, e a o zello de huma naçam que nam cede a nenhuma em ser amante da pessoa, e gloria de seu Monarca.

Na tarde do mesmo dia a Reynha de Polonia acompanhada da Princesa sua neta prima com Irmam del Rei e Reynha de Portugal, foram a Santo Antonio, e para dar ainda mayores demostraçoens de quanto era enteressada na alegria da naçam Portuguesa; mandou a lumiar com torchas todo o seu palacio por tempo de huma noite inteira com acostumada magnificencia que sua Magestade usa nas musicas, comedias de que fas participante a o publico em todo o anno, em as quaes Sua Excellencia assistio algumas vefes incognito, por causa de alguns embaraços que se encontrarem no ceremonial, o qual nam sendo ajustado ainda, suspendeo, o grande dezejo, que teve Sua Excellencia de visitar huma Reinha amantissima da Coroa de Portugal e huma princesa das mais bem aparentadas da Europa, e no mesmo tempo dotada das mayores vertudes, como da mais perfeita belefa.

& plus recommendable encore par mille vertus, quil semble que le ciel se soit fait plaisir de joindre a une parfaite beautè, pour montrer dans la mesme personne touts les advantages dont il est capable.

Visites de Son Excellence au Sacrè College.

LEs ministres apres avoir eu leur audiance publique de Sa Saintetè, Visitent le Sacrè College, & commancent par le Cardinal Doyen, ou a son absence celuy qui le suit par droit d'antiquitè, & Monseigneur le Cardinal de Bouillon se trouvant absent S. E. commensa par le Cardinal Acceoli. Il estoit suivi d'un tres nombreux cortege tant nationaux qu'estrangers, & de sa famille. Il fut receu de Son Eminence dans la mesme maniere qui avoit estè reglèe par la Congregation, plusieurs mesme lexcederent, & nous regalerent de magnifiques rafraichissements, entreautes leurs Eminences Monseigneur le Cardinal Ottoboni, & Monseigneur le Cardinal Barberini, & pour decrire les particularitès des visites d'un Envoyè Extraordinaire d'un Roy, je prendrai pour modele une de celles ou nous avons estè receu suivant l'ordre, & toute la grandeur possible.

Le Maitre de Chambre de S. E. envoya nostre Decano, qui est celuy qui est audessus des estaffiers, au palais de
Mon-

Visitas que fes Sua Excellencia ao Sagrado Collegio.

FEita a primeira audiencia publica à Sua Santidade, devem os ministros principiar a visitar os Cardeaes começando pello mais antigo, que chamam Decano do Sacro Collegio, e quando falta este devem principiar pello Sucessor na antiquidade que se acha em Roma, e depois indiferentemente à quellas que lhe parece, e porque o Cardeal de Boulhão Decano do Sacro Collegio estava absente, principio S. E. as visitas pello Cardeal Acceoli com seis Carroças suas, e hum cortejo de muitas outras assi nacionaes, como estrangeiras, foj recebido o Senhor Inviado de todos os Cardeaes da mesma forma que se havia tratado no ceremonial, e alguns por mayor finesa passaram adiante, e acompanharam as visitas de sorbetes, chocholates &c. entre estas se a signalaram com grandesa os Eminentissimos Cardeaes, Barberini, e Ottoboni, os quaes com mayor primor mostraram hum singular affeto, e para dar noticias das circustancias das visitas de hum menistro em Roma, faço narracam d'esta que fisemos a o Eminentissimo Cardeal Ottoboni Chanceler d'esta Curia.

O Mestre de Camera do Senhor Inviado mandou pella manham o nosso Decano a o Palacio do Senhor
M   Car-

Monseigneur le Cardinal Ottoboni, saboucher avec celuy de Son Eminence, pour sçavoir quand son maitre pouroit avoir le temps de recevoir la visite de S. Eminence. Monseigneur le Cardinal Ayant sçeu que nostre Decano estoit dans l'antichambre, voulut sçavoir de luy mesme de quelle maniere Monseigneur l'Envoyè a voit estè receu du Cardinal Acceoli, pour luy donner du moins le mesme traitement. Son Eminence en estant informèe, pour ne point entrer dans ce detail de formalitès, dit a nostre Decano, qu' il attandroit l'apres dinèe les graces de S. E. & quil le receuroit de la mesme maniere que pouroit faire un Cerdinal Portuguais, qui receuroit la visite de l'Envoyè de son propre Roi. Une reponce si obligeante estoit une suitte des honnetetès quèn avoit precedamment receu S. E. dans plusieurs occasions, & l'effet de la particuliere attention de Son Eminence pour touts les ministres etrangers. A quatre heures apres midi S. E. arriva dans la cour du palais de la Chancellerie avec un cortege de plus de soisante personnes. Apres que tout ce cortege, & la famille furent desendus de carrosse, le Maitre de Chambre d'un cotè & moy de l'autre donames le bras a S. E. qui a peine commensoit de monter l'escalier que les Gentilhomes de Monseigneur le Cardinal sadvancerent pour le complimenter. Nous traversames la grande sale de la chancellerie, & dans celle des estafiers nous trouvames Son Eminence qui venoit au devant, accompagnè du Marquis Hornani sonMaite deChambre, &d'une nombreuse famille. Apres

Cardeal Falar com o de Sua Eminencia para saber se seu amo tinha tempo commodo para receber a vista que lhe queria fazer S. E. O Senhor Cardeal sabendo que o nosso Decano hera na sala, se quis emformar delle de que modo S. E. fora recebido do Cardeal Decano para lhe dar as mesmas honrras, o que lhe tendo referido o nosso Decano, Sua Eminencia por nam entrar em miudo en todas estas formalidades disse, que de tarde esperava pello favor de S. E., e que o receberia do mesmo modo que se elle fosse hum Cardeal Portugues, que recebesse a visita de hum Inviado Extraordinario do seu proprio Rei; Esta resposta bem que mais cortes da que se podia dar, nam hera mais que huma continuaçam das cortezia que S. E. tinha antecedentemente recebido de S. Eminencia em varias occasions, e o effeito da particular atençam que costuma S. Eminécia com os menistros estrangeiros. As quatro horas depois de meyo dia chegou S. E. a o Palacio da Chancellaria com hum cortejo de mais de sessenta pessoas, e desmontados que foram todos das carroças, o Mestre de Camera de huma parte, e eu da otra demos amam a S. E. a pena comencia subir as escadas, quando vinham os Gentilhomens do Senhor Cardeal a esperar, e o complimentar, e passado com elles a sala da Chancelaria venhia logo S. Eminencia a receber o Excellentissimo Senhor Inviado alem da metade da salla dos estafeiros acõpanhado do Marques Ornani seu Mestre de Camera e outros Cavalheiros de sua corte; depois de passadas seis anticameras armadas de bellissimas pinturas, e panos de ras preciosos,

a voir traversè cinq antichambres superbement meublèes, & fait au passage de toutes les portes les civiltès accotumèes, S. E. entra dans la chambre d'audiance, ou deux Gentilhommes de Monseigneur le Cardinal presenterent les chaises de cotè, sous un dais de brocard d'or, qui repondoit au riches ameublements de cette chambre dont les tables, & les gueridons estoint d'argent accompagnès de vases de mesme metal de douze palmes de hauteur; mais si lon voit dans plus de quarente chambres richement meublèes la magnificence, & le bon goust de Son Eminence, lon admire pas moins sa generositè dans les operas, les belles musiques, & les conversations qui attirent a son palais un jour de chaque semeine l'elite de toute la noblesse tant de Rome que des pays estrangers. Pendant que S. E. estoit avec Monseigneur le Cardinal, lon servoit dans touts les antichambres des profusions de sorbec, & de toute sortes d'eaux, & de let glacès, & a l'entrèe de la nuit tout l'appartament fut illuminè de bougies dans des grands lustres de cristal, qui pendent au millieu de toutes les chambres, & dans des chandeliers sur toutes le tables, tant de lumieres en donnoint une nouuelle a cet appartament qui le rendoit enchantè. La visite achevèe Son Eminence ne se contenta pas de reconduire Monseigneur l'Envoyè jusqu'ou il estoit venu le recevoir, mais pour exceder en honnetetès, comme en tant d'autres choses, il le conduisit jusques au millieu de la Salle de la Chancellerie, ou il nous laissa aux instances plusieurs fois reiterèes de S. E., ses Gentilhommes ac-

fasendo as costumadas ceremonias a entrada de todas as portas, entrou S. E. com o Senhor Cardeal na Sala da audiencia, e dous Gentilhomens presentaram ascadeiras de baixo de hum docel de brocado de ouro em requecido de bordados, e franjas, que correspondia à magnificencia da armaçam de panos de ras riquissimos, e cadeiras do mesmo brocado, bufetes, e voladores de prata, vasos do mesmo metal de doze palmos de alto, e huma belissima fonte de prata no meyo da dita casa botando agoa emquantidade. Se vem mais de quarenta casas neste soberbo palacio armados perfeitaméte, e a magnificencia d'este Cardeal junta à sua rara eleiçã, como tambè os espetacolos de comedias, e opera que dà huã ves na semana, fas admiraçam a os estrangeiros, e à corte. Emquanto S. E. estava com S. Eminécia fomos regalados de toda sorte de sorbets, agoas de canella, e autras que abundavam em todas as anticameras, e como jà se fazia noite foram todas aluminadas com candieiros grandes de cristal pendurados no meyo de cada huma, e outros de prata emquantidade sobre todos os bufetos. Que pello grande numero de luzes faziam fermoso outro tanto a beleza d'este apartamento; acabada a visita, nam se contentou Sua Eminencia de acompanhar o Senhor Inviado the à salla dos estafeiros, mas por excessos de mayor fineza o acompanhou fora do seu apartamento The o meyo da salla da Chancelaria aonde às repetida instancias de S. E. se apartou delle, e seis de seos Gentilhomens acompanharam a S. E. the a vederlo montar em Carroça. Continuou S. E. com o mesmo cortejo as visitas do Sa-

cro

accompanherent jufques nous voir monter en carroffe . Monfeigneur l'Envoyè continua fes vifites chès tout le Sacrè College , & en fut enfuite vifitè . Tant de grandeur quine feftoit encore pratiquèe a l'occafion d'aucun Envoyè, donna occafion a plufieurs perfonnes defprit de faire des vers dont jay receuilli ceux qui mont paru les meilleurs . Apres les vifites du Sacrè College S. E. receut celles des Princes Duques &c. & les rendit en fuitte aux mefmes feigne urs , & aux dames dont il futreceu avec cette honnetetè naturelle aux Dames Romaines .

Je ne deurois finir cette Relation qu'apres le retour de Monfeigneur l'Envoyè a Lisbonne,quifque de nouvelles occafions d'affaires menagèes avec tant d'habiletè , & de Prudence , jointes aux depences prefque coutinuelles, foutenues avec toutela grandeur poffible , me donneroint tous les jours une novelle matiere d'ecrire, & encore plus, fi je devois proportioner la groceur de ce volume aux obligations que jay a Monfeigneur l'Envoyè , ou a mon zele pour tout cequi reguarde le fervice de la Majeftè quil reprefente comme tres digne fujet d'un Roi qui merite de l'eftre .

cro Collegio,e recebi as depois com a mefma grandefa que lhe tinham feito , e rinfrefcos iguaes a eftes que nos tinham dado em cafa de varios Cardeaes . Tanto lufimento que nam foj vifto praticar por Inviado Extraordinario de nenhum Rei, deu occafiam a muitos verfos , e fonetos , e nam foram pouco àprovados eftes do Senhor Abbade Gafpar Sfragaro , e do Senhor Antonio Cortona Cappellano de honrra de Sua Mageftade Cefarea. Acabadas as vifitas do Sacro Collegio, foj S.E. a vifitar a familia de Sua Sanctidade, os Princepes, Duques, e Marquefes , Generaes das ordens , e Prelados que o thenhiam vifitado,e mais às Princefas mulheres dos ditos Princepes , e outras fidalgas das quaes foj recebido com o primor , e cortefia que coftumam as Senhoras Romanas ufar com os meniftros do merceimento, e qualidades de S. E.

Eu nam deveria acabar efta Relaçam fenam depois que S. E. foffe tornada em Lisboa, jà que os continucs motivos dos negocios menejados com toda a deftrefa poffivel, e as frequentes occafioens de defpefas foftentadas com a mayor grandefa , e reputaçam del Rey de Portugal, me podiam dar materia nova todos os dias para muitos volumes, principalmente fe eu pudeffe proporcionar o meu pouco talento às mujtas obrigaçoens que devo a o Excellentiffimo Senhor Inviado , e a toda a naçam que elle reprefenta como a Imagem amais digna da Real Mageftade ,da qual eu me honrrarej fempre de publicar as vertudes , que o fazem digniffimo Rey de taes Vaffallos .

NEL

NEL REAL MATRIMONIO
TRA LA SACRA REAL MAESTA'
DI
GIOVANNI V.
RE' DI PORTOGALLO
E
MARIA ANNA
GIA' ARCIDUCHESSA D'AUSTRIA.
O D E.

I.

D*EL Regio Tago lieti Abitatori,*
Al Cielo i lumi giubilando ergete ;
Ch'indi nel vostro sen piover vedrete
Nettareo licor, nembi di fiori.

II.

Ecco à voi da supremi eterei Chiostri
Tempeste di splendor, d' auree scintille ;
E nel mezo di loro à cento , à mille
Le Gratie ad arrichire i Lidi vostri.

III.

A tanto dolce fuoco, à tanto ardore
Fin ne l'Inverno il vostro Suol s'infiora:
Veloce torna à Voi Pomona , e Flora,
El ghiaccio istesso ne concepe amore.

IV.

Giace con l'Agnellin Lupo rapace,
Scherza il Leon co' veltri, e i nidi suoi
Communi han le Colombe, e gl'avoltoi,
E'l Regno tutto gode amica pace.

V.

Nè fia stupor; perche non più combatte
Con Zefiro Aquilone : onde sereno
N'è l'aere intorno , e i monti dal lor seno
Versan fiumi di miel, rivi di latte .

VI.

Felice Tago or, che 'l tuo sen contiene
In sè l'AQUILA AUSTRIACA! Godrai
Soavi calme, e in auvenire avrai
Più chiare l'acque , oro più fin le arene .

VII.

Ramo di verde Olivo un tempo all' Arca
Portò pura Colomba : ora a le vaghe,
Ch'hai tù nel'ARMI TUE PURPUREE PIAGHE
L'AQUILA il porta , del suo foco scarca .

VIII.

Quand' auverrà ciò, ch' assai raro hà visto
Il Mondo, e con stupor tal' or s' è udito:
REAL CESAREO SANGUE insieme unito ,
Di Rigor , di Pietà mirabil misto .

IX.

GIOVANNI , MARIA ANNA , che gran Mare
S'interpetra di Gratie à noi mortali;
E Gratia quello, in favorirti uguali ,
Faran le Glorie tue più illustre , e chiare .

X.

COPPIA REALE , à Piedi tuoi ne vegno ,
E della Musa mia consacro il Plettro :
Prosperi il Ciel tuoi Voti, e del tuo Scettro
La Potenza dilati, eterni il Regno .

Del Dottore Antonio Cutrona ,
& Accademico Fiorentino.

F I N I S.

AD ILLUSTRISSIMUM
HUJUS LIBRI AUTHOREM.

Mellifluum stylum, scitu si digna requiris,
   Percurre hunc Librum, tum voti compos eris;
Nobilis hunc scripsit Genere, ac Virtute coruscus,
   Quo lecto dices hic sane doctus erat;
Hunc igitur Librum Lector percurre bilinguem,
   Hinc mecum disces tres celebrare Viros;
In primis Regem, & Vicem ejus in Urbe gerentem,
   Ac multi Hunc linguem, quique bilinguis adest;
Quis major surget Lusitano Rege JOANNE?
   Trans non plus ultra qui dominatur aquis;
Namque suum est Mare feruens inter Calpe, & Abylam,
   Et cujus classis prædominatur ibi;
Janitor Italiæ Emanuel, Rex Janitor Orbis,
   Ad cujus nutum clauditur Oceanus;
Quin Austro in toto si Crux Veneranda triumphat,
   Huic Regi acceptum conscia Roma refert;
Si viget Alma Fides Cœli sub cardine bino,
   Huic Regi acceptum conscia Roma refert;
Hinc Deus Onnipotens Cordis penetralia scrutans
   Huic Regi, ac Regno prodigus addit opes;
En Tagus ingeminat fuluas nunc amnis arenas,
   Ripa auro fulgent, Soleque arena micat;
Montes, & Colles isto qui in littore surgunt
   Purpureas gignunt ecce repente rosas;
Nunc redolent thymo rura, nunc thymiamata Sylva,
   Aurum ornat littus, sertaque pulchra vias;
Argumentum ingens, Lusitana gaudia Gentis,
   Regius & Fructus, quem cito reddet Hymen;
Astra prius component se in sistema benignum,
   Sol tunc ridebit prædominante Jove;
Cœlo ita digesto nascetur Regius Infans,
   Et Garamante tenus nuncia fausta petent;
Alma Ceres copia cornu defundet in aruis,
   Astrea huc veniet consociata Paci;
Sæcla beata adventant, Crux aget alma triumphos,
   Largius & fundet, Rege favente, jubar;
Regina interea Regale enixa Tropheum
   Incedet lætans, gestiet alma Fides.

Orator

Orator quoque, qui nunc latus in *Urbe triumphans*
 Aurata in Rheda qualis Apollo micat ;
Turba pedisseque circum auroque ornata refulget ,
 Rhedarum series retroque longa venit ;
Cujus ad incessum Gens confluit ipsa Quiritum ,
 Matres in Speculis quelibet ore stupent ;
Nec vidisse semel satis est , juvat usque videre ,
 Heroes obtutum substinet ore gravis ;
Plaudit Gens , Hic missilibus solatur Egenos ,
 Quin & opem Princeps contulit ipse mihi ;
Pontifici Hic valde acceptus , tum Murice comptis ,
 Quin Hunc Primates , Romaque tota colit ;
Heros magnanimus , longoque Poemate dignus
 Pauca ejus cecini , multa canenda paro.

Ast omniscius melliflui hujus Codicis Author
 Virtute insignis , clarior ipse fide ;
Cui natura dedit Galla cunabula Gentis ,
 Ast Animo ingenuus servat ubique Fidem ;
Sit Dominus Gallus , vel sit Lusitanus , & Auster
 Viscera pro Domino funderet ipse libens ;
Integritas cujus penitus sine labe coruscat ,
 Namque obitum malet , quam violare Fidem.
Quicumque hunc audit , vel hujus conspicit Instar ,
 Tanto Equiti Compar nullibi dicat opus.
Ergo lege hunc Librum , & libato melle Loquentis ,
 Crede mihi , hunc iterum terque , quaterque leges.

Obsequii, & Deditionis ergo
Gaspar Sfragaro .